Ilija Trojanow

Gebrauchsanweisung für Indien

Piper München Zürich

Mehr über unsere Autoren und Bücher:
www.piper.de

Der Verlag dankt dem Carl Hanser Verlag, München/Wien, für die Genehmigung zum Abdruck der Textpassage aus dem Roman »Der Weltensammler« von Ilija Trojanow auf S. 41 sowie dem Karl Blessing Verlag, München, für die Genehmigung zum Abdruck des Auszugs aus Kiran Desais Roman »Der Guru im Guavenbaum« auf S. 48.

ISBN 978-3-492-27552-1
5. Auflage 2010
Karte: Eckehard Radehose, Schliersee

Gesamtherstellung: CPI – Clausen & Bosse, Leck
Printed in Germany

It is impossible to be imperfectly Indian.
Amitav Ghosh

Kashi
Wüste
Takla Makan
7546
Muztagh Ata
Pamir
AFGHANISTAN
Kunlun
Karakorum
7707
Tirich Mir
8125
Nanga Parbat
8611
K2
CHINA
(Autonome Region Tibet)
Taxila
Islamabad
Kaschmir
Himachal
Kullu
Pradesh
Indus (Sind)
Lahore
Hochland von Tibet
PAKISTAN
Ludhiana
6714
Kailash
Gaumukh
7755
Kamet
Punjab
Sutlej
Himalaya
Lh
Haridwar
Rishikesh
Tsangpo
Wüste Thar
Uttar
Pradesh
Delhi
NEPAL
Mt.Everest
8850
Bikaner
Kathmandu
Rajasthan
Pushkar
BHUT
Jaisalmer
Jaipur
Agra
Yamuna
Ganges
Ayodhya
Jodpur
Chambal
Kanpur
Ghaghara
Gandak
Gwalior
Varanasi
Patna
Ganges
Allahabad
Monghyr
BANGLADESH
Udaipur
Khajuraho
Mirzapur
Chunar
Bihar
Bengalen
Ahmedabad
Bhopal
Bhatar
Cambay
Baroda
Indore
Madhya
Kalkutta
Gujarat
Dabhoi
Narmada
Pradesh
Porbander
Alang
INDIEN
Orissa
Golf
von Cambay
Andhra
Golf
von
Bengale
Dekkan-Plateau
Bombay
Pradesh
Puna
Godavari
Mahabaleshwar
Hyderabad
Western Ghats
Goa
Indischer Ozean
Puttaparthi
Bangalore
Madras
Mangalore
N
Mysore
Pondicherry
Arabisches
Meer
0
200 km
Kerala
Cochin
Amritapuri
SRI LANKA
Trivandrum

Inhalt

Vorab

Ehe wir von Mantra zu Monsun gelangen, vorab einige Bemerkungen über das Unverfrorene des Vorhabens, über die Unermeßlichkeit des Themas, aber auch über die Zuversicht des Autors, die Herausforderung zu meistern.

Nach Indien kam ich über Kenia. Nach Kenia kam ich über Zirndorf. Nach Zirndorf kam ich über Triest. Und nach Triest kam ich über den Fluchtweg. Bei soviel Umwegerei erschien mir Indien gar nicht so fremd. Als junger Verleger in München hatte ich eine ethnologische Reihe namens ›Ganesh‹ betreut; in Bombay erfuhr ich, daß der elefantenköpfige Gott *Ganesh* auf einer Maus reitet, die *Mushka* heißt. Die bulgarische Maus wird *Mishka* genannt. So waren Herkunft und Ankunft nur einen Vokal voneinander entfernt.

Bis zu meinem dreißigsten Lebensjahr wußte ich nichts über Indien. Dann führte mich ein Mann namens Richard Francis Burton dorthin, und den größten Teil der nächsten zehn Jahre verbrachte ich damit, mich mit Indien vertraut zu machen. Burton war ein Abenteurer, ein Grenzgänger und Freidenker. Im neunzehnten Jahrhundert widmete er sich unbekannten Sprachen und vertiefte sich in fremde Religionen. Er war mir ein nützliches Vorbild. Auf seinen Spuren konnte ich vieles lernen, einiges erleben und hinter manches Geheimnis blicken.

Mein Bild von Indien war anfänglich geprägt von den vielen Abziehbildern und Verfälschungen, die sich in der europäischen Literatur, in Film und Fernsehen eingenistet haben. Die Reaktion auf die verstörende Fremdheit Indiens war seit jeher die verfremdende Darstellung. Indien war schon immer eine Leinwand unserer Projektionen, Objekt unserer Fehl- und Vorurteile. In der Antike vermutete man in Indien den Garten Eden (und heute ein Software-Dorado), und der Ganges galt als Grenzfluß des Paradieses. Die ersten Abenteurer, die aus dem tatsächlichen Indien heimkehrten, berichteten von schrecklichen Dingen: die Inder verbrennen ihre Leichen, verehren blutrünstige Götter, essen keine Tiere, weil jede Ziege und jeder Hase die wiedergeborene Großmutter sein könnte. Bis in unsere Tage hinein wird der Zauber des Fremdartigen umgestülpt in einen Schrecken des Absonderlichen. Sogar was das Essen betrifft: eine gefährliche Versuchung, die im Durchfall endet. Und überhaupt: Der gemeine Inder hätte genug zu essen, aber weil ihm die Kühe heilig sind, fällt für ihn täglich nur eine Handvoll Reis ab.

Vor vielen Jahren fragte ein Reisender, verwirrt von all den Idolen mit unterschiedlichen Namen und grotesken Formen, einen einheimischen Priester, wie viele Götter es denn nun in diesem Indien gebe. So viele wie Menschen, lautete die gewitzte Antwort. Was der Reisende als bare Münze nahm und kurzerhand aus den damals dreihundertdreißig Millionen Einwohnern von Britisch-Indien dreihundertdreißig Millionen hinduistische Götter zauberte. Diese Zahl geistert seitdem durch die Literatur. Kaum ein Thema ist dem Europäer so fern geblieben wie der Glaube der meisten Inder, als *Hinduismus* auf einen täuschend klaren Nenner gebracht – eigentlich bedeutet *Hindu* nichts anderes als »jener, der hinter dem einstigen Grenzfluß Indus (Sind) lebt«. Diese Vielgötterei, diesen sakralen Mischmasch kann doch kein Mensch verstehen, lautet ein beliebtes Mantra (siehe Kap. 1) westlicher Journalisten, wenn sie zum wiederholten Male das mühsam Erlernte über den Haufen werfen müssen, weil der gelüftete Schleier den Blick auf einen weiteren Schleier öffnet. Wir im Westen haben nicht gelernt, mit gespiegelten Täuschungen umzugehen, während der irreführende Charakter des Offensichtlichen im indischen Bewußtsein als Maya (siehe Kap. 4) seit jeher verankert ist. Das Paradoxon ist bei uns eine lästige Unstimmigkeit, bei vielen indischen Denkern und Dichtern hingegen ein scharfes Instrument der Erkenntnis.

Manche Sinnsucher vertrauen sich mit Haut und

Herz einem Guru an (siehe Kap. 3) und entwickeln sich zu Anhängern einer Schmalspurfassung östlicher Spiritualität. Für mich hingegen bietet Indien einen einzigartigen Masala-Mix (siehe Kap. 5), über dessen Ingredienzien niemand so ganz genau Bescheid weiß, aber dessen Wirkung beseelen und bezaubern, aber auch erzürnen und verwirren kann. Und doch ist manches ganz einfach, und manches muß einfach behauptet werden, um ein Bild zu zeichnen, wenn auch in dem Bewußtsein, daß es sich um eine individuelle, subjektive Vision handelt.

Obwohl ich, abgesehen vom Nordosten, jede Region Indiens ausgiebig bereist habe, fühle ich mich der Stadt Bombay – wobei der Begriff Stadt diesem überbordenden Lebensraum kaum gerecht wird – besonders verbunden. Für mich ist Bombay die lebendigste und vielfältigste Metropole, die ich kenne, und ich habe fast jeden Tag meiner knapp sechs Jahre dort mit Gewinn zugebracht. Dieses Buch ist also auch ein Buch über Bombay, nicht nur die wichtigste Stadt Indiens, sondern auch die typischste, denn keine andere Metropole beinhaltet so sehr jenes, was vielleicht allein als Indiens Wesensart gelten könnte: die Vielfalt.

Wer Indien zum erstenmal besucht, erlebt seinen größten Kulturschock gerade in den Großstädten, neben Bombay vor allem in Delhi und Kalkutta. Hier konzentriert sich die Armut, mit der jeder Reisende unweigerlich konfrontiert wird. Menschen, die auf den Bürgersteigen leben; Männer, die gewaltig beladene

Karren schleppen; Mädchen, die in die Prostitution gezwungen worden sind. Und doch begegnet man einem Mut und einer Lebensfreude, die beeindrucken und manchmal beschämen. Es ist – und ich weiß, wie kitschig sich dies auf der gedruckten Seite ausmacht, als seien die Herzen der Menschen so reich wie die Basare, die man in jeder indischen Stadt vorfindet.

Besonders eng aneinander schmiegen sich die Widersprüche in Agra. Das Taj Mahal schlägt jeden Betrachter, obwohl schon tausendmal abgebildet, in seinen Bann. Doch um das Grabmal der geliebten Königsgemahlin herum erstreckt sich ein Moloch mit stinkenden Straßen, offener Kanalisation, herumstreunenden Schweinen, pockennarbigen Fassaden und taumelnden Baracken. Wer sich umschaut, erlebt ein Wechselbad der Gefühle: Ekel folgt auf Begeisterung, doch im Handumdrehen wird man wieder betört, um gleich darauf zur Verzweiflung gebracht und doch noch vor dem Sonnenuntergang wieder versöhnt zu werden. Manch einer wird mit unangenehmen Erinnerungen nach Hause zurückkehren, aber ich kenne niemanden, der diese Erfahrung missen möchte.

Die Stadt Varanasi hingegen ist der Mittelpunkt des Kosmos und die wohl älteste kontinuierlich besiedelte Stadt der Welt. Der Ort, an dem Gott sich niedergelassen hat, als er eine Familie zu gründen wünschte. Varanasi ist voller Paradoxa, die wie Flaschenzüge das Fundament der Tradition mit dem Aufbau der Moderne verbinden. Hier hat Buddha zum erstenmal gelehrt, die wohl erste sozialrevolutionäre Lehre der Geschichte. Hier geben *Yogis* Unterricht in Atemtechniken, die vor viertausend Jahren mit den arischen Einwanderern vom Himalaja in die Gangesebene wanderten. Während das Bewußtsein auf das Ein- und Ausatmen konzentriert wird, um die innere Musik des Körpers zu vernehmen, drangsalieren Hupen, Klingeln, Schreie und Lautsprecher all jene, die noch nicht die Treppe der Entrückung emporgestiegen sind.

Varanasi wird oft als morbide Stadt mystifiziert, wegen des Glaubens an einen heilversprechenden Tod am Ufer des Ganges, und weil die europäischen Besucher, mit dem Tod von Haus aus nur als Tabu vertraut, den Anblick der brennenden Leichen einsaugen wie ein kulturrelativistisches Abführmittel. Doch in Wirklichkeit wird in Varanasi täglich das Leben bejaht, die Lärmkulisse ist eine Komposition, mit der sich die Stadt selbst fortschreibt, und die erregbaren Männer drängen den Touristinnen handgreiflich ein ganz persönliches *Shanti* auf.

Wohin gehst du? fragte mich ein junger Schlepper. In den Himmel! gab ich zur Antwort, in der naiven Hoffnung, ihm damit eine Abfuhr erteilt zu haben. Bevor du in den Himmel gehst, rief mir der junge Mann hinterher, verbringe doch eine Nacht in meinem Hotel.

Indien läßt einen immer wieder spüren, wie wenig Zeit man auf Erden hat. Es erscheint endlos. Nicht nur verfügt es über eine immense Dichte an Geschichte und eine Bibliothek, die eine ganze Brigade von Lesern nicht bewältigen könnte, es erstreckt sich über eine Fläche größer als die der Europäischen Union, und es vereint eine immense geographische, sprachliche, kulturelle und religiöse Vielfalt. Kaum etwas verbindet einen Christen aus dem Nordosten, einen landlosen Unberührbaren (*Dalit*) aus Bihar, einen wohlhabenden Parsen aus Bombay und einen moslemischen Fischer aus Kerala miteinander. Außer dem fiktiven Gebilde einer Nation, das sich trotz kolonialer Herkunft und blutiger Trennung von Pakistan im Jahre 1947 als erstaunlich stabil erwiesen hat. Zwar hat die Gründung dreier neuer Bundesstaaten in den letzten Jahren den Kräften der regionalen Divergenz Tribut gezollt, aber im Gegensatz zu anderen Vielvölkerstaaten wie etwa Indonesien droht Indien keineswegs an seiner Mannigfaltigkeit zu zerbrechen. In diesem Sinne ist Indien ein Vorbild für das Miteinander des Unterschiedlichen und scheinbar Gegensätzlichen, durchaus konfliktreich, aber im Laufe der Geschichte ebenso befruchtend.

Wer weiß, wie man in hundert Jahren auf das 21. Jahrhundert zurückblicken werden wird. Vielleicht wird sich erwiesen haben, daß das arme, rückständige Indien mit einigen Herausforderungen der Epoche besser zurechtgekommen sein wird als die reichen, entwickelten Länder des Westens.

1. Mantra

Mantra (Sanskrit, »Schutz durch Gedanken«; »man« – denken; »mana« – Geist; »manava« – homo sapiens): 1. Im Hinduismus und Buddhismus ein heiliger Ausspruch aus einer Silbe, einem Wort oder einem Vers, versehen mit mystischen oder spirituellen Kräften. 2. In der Umgangssprache, ob Deutsch oder Englisch, eine oft wiederholte, vermeintliche Wahrheit. Durchaus auch im abfälligen Sinn verwendet. 3. Motto, Maxime, Slogan, Werbeschlagwort.

Es waren Millionen versammelt. Millionen von Menschen und Millionen von Dezibel. Zum größten Fest der Menschheit. Zum gewaltigsten Ritual Indiens. Ein Anlaß, sich zu reinigen, Energie zu tanken, sich seiner Glaubenswelt zu vergewissern. Der Ort – der Zusammenfluß von Ganges und Jamuna nahe der Stadt Allahabad – war ebenso segensreich wie der Zeitpunkt. Ein heiliges Zusammenkommen von Ort und Zeit, das nur hier stattfinden kann, alle zwölf Jahre.

Drei Wochen verbrachte ich auf diesem Fest, der *Kumbh Mela*, untergebracht in einem Zelt, umgeben von den Eremiten, die *Sadhus* genannt werden und die oft nur in die Asche gekleidet sind, mit der sie sich eingeschmiert haben, und den Schwaden Hasch, die sie umräuchern. Jeden Morgen wurde ich um fünf in der Früh jäh aus meinem Schlaf gerissen von einem unsäglichen Gekreische, einer Mischung aus Sirenengesang und Bombenalarm. Die Lautsprecher erwachten vor der Sonne. Und sie begrüßten den Tag mit einem Mantra, einem außergewöhnlich kraftvollen, wichtigen, heiligen und mächtigen Mantra: *Shanti Shanti Shanti*. Und das bedeutet: Friede! Ich habe an jedem dieser verschlafenen Morgen einige Minuten lang fassungslos in die schallende Schrille geblickt, bis ich begriff, daß es eines besonders lauten, besonders durchdringenden Mantras bedarf, um aus Frieden heraus neuen Frieden zu finden. Denn Gott (*Shiva* zum Beispiel) ist Zerstörer und Erschaffer zugleich, und das Schwache muß mit starken Worten verteidigt werden.

Mit Shanti wird nicht nur der Schlaf zerrissen, sondern auch das Gebet beendet. Die Wiederholung verdankt sich dem Glauben, daß sich alles, was dreifach ausgesprochen wird, verwirklicht – *trivaram satyam* (salopp übersetzt: Aller guten Dinge sind drei). Unglücklicherweise für jene, die auf dem Kumbh-Mela-Fest ein wenig länger schlafen wollten, besteht ein Mantra nicht nur aus dieser dreifachen Wiederholung. Mantras, deren Umfang von drei Wörtern bis hin zu seitenlangen Gedichten reichen kann, werden in Gebet und Meditation immer wieder gesprochen, in Zyklen der Wiederholung, die *Mala* genannt werden, nach der Gebetskette, auf der meist hundertacht Perlen aufgefädelt sind. Die Art und die Länge des Mala variiert je nach Anlaß, Ort und Familientradition. *Anushthana* heißt der Brauch einer genau vorgeschriebenen Zahl von Wiederholungen.

Vor Jahren traf ich bei meinem Guru (siehe Kap. 3) in Bombay einen jungen Mann von knapp zwanzig Jahren, der kurz zuvor für drei Wochen nach Haridwar gereist war, dorthin, wo der Ganges sich der nordindischen Ebene ergibt. Er hatte in einem Tempel hundertfünfundzwanzigtausend Mal das *Gayatri-Mantra* (das wohl bekannteste Mantra Indiens, eine uralte Anbetung der Sonne, die auf unzähligen CDs und Musikkassetten festgehalten ist, für jene, denen das Aufsagen zu mühsam ist und die es deshalb vorziehen, das Mantra morgens elektronisch abzuspielen) wiederholt, was jeweils drei Stunden dauerte. In den Pausen dazwischen hatte er ein einfaches Mahl aus Reis und Linsen zu sich genommen oder eine Weile geschlafen.

Besonders beliebt ist es, ein Mantra aus zweiundfünfzig Zeilen zweiundfünfzig Mal zu sprechen. Wobei das Sprechen nicht immer so lauthals ausfallen muß wie bei der Kumbh Mela. Das Mantra kann in den Gedanken des Betenden widerhallen. Auch wäre es ein Mißverständnis zu vermuten, daß jedes Mantra einen klaren Sinn in sich trägt. *Mananat tryate iti mantra* heißt es auf Sanskrit: Das, was dich schützt, wenn du daran denkst. Das Mantra zeichnet sich also durch seine Kraft aus, nicht durch seine Bedeutung; es ist ein Destillat aus Erfahrung und Weisheit, ein potentes, konzentriertes Mittel. Deswegen sind westliche Besucher bzw. Leser oft enttäuscht, wenn sie die Übersetzung der magischen Formeln erfahren. Das wichtigste Mantra des tibetanischen Buddhismus etwa lautet *Aum mani padme hum,* wunderschön gesummt oder gesungen, und doch beeindruckt es in seiner wörtlichen Übertragung – ›Grüße an das Juwel des Lotus‹ – weitaus weniger. Selbst die Erklärung, daß es sich um eine Anrufung des allmächtigen Geistes handelt, der überall gleich ist, im Inneren des Menschen wie auch in allem, was um ihn herum geschieht, vermittelt nicht die Essenz des Mantras, so wenig wie ›Abrakadabra‹ mit einem Wörterbuch zu entschlüsseln wäre.

Kabir, der bekannteste mittelalterliche Dichter Indiens, ein Rebell, der nachträglich zum Heiligen verfälscht wurde, sehnte sich in jungen Jahren nach einem Mantra, das ihm den Weg zu seiner geistigen Entwicklung ebnen würde. Aber da seine Herkunft in seiner Geburtsstadt Varanasi suspekt war – er stammte aus niederen Verhältnissen, und es war nicht bekannt, ob er einer moslemischen oder einer Hindu-Familie entstammte –, wollte keiner der Priester, die er ansprach, ihn als Schüler aufnehmen, ihm sein Mantra anvertrauen. Denn jeder

Lehrer besitzt ein eigenes, geheimes Mantra, das nicht nur von Generation zu Generation weitergereicht, sondern auch durch die Seelenstärke des Lehrers aufgeladen wird. Verzweifelt, aber nicht gewillt aufzugeben, legte sich der junge Kabir auf eine Stufe jener Treppen, die zum Ganges hinabführen und über die Tausende von Einheimischen und Pilgern täglich auf und ab schreiten, um ihr gesegnetes Bad im heiligen Fluß zu nehmen. Auch der bedeutendste Lehrer jener Zeit, Guru Ramananda, stieg jeden frühen Morgen diese Treppen hinab. Am nächsten Morgen, das Tageslicht war so schwach wie die Sicht des Lehrers, trat Guru Ramananda auf einen ausgestreckten Körper und stürzte über den jungen Kabir. »Ram, Ram«, rief Guru Ramananda erschrocken aus, worauf Kabir aufsprang, die Füße des Lehrers berührte und sich überschwenglich für das Mantra bedankte, das dieser ihm hatte angedeihen lassen. Zwar hatte der Lehrer das Mantra in einer Schrecksekunde unbedacht von sich gegeben, aber was immer der Grund gewesen sein mochte, auch wenn es erschlichen wurde, es war überreicht worden. Es galt in seiner ganzen Machtfülle nun auch für Kabir. Ein Leben lang begnügte er sich damit, beim Meditieren *Ram, Ram* zu intonieren, den Namen Gottes in einfacher Wiederholung. Diese Legende findet auch in heutigen Zeiten Nachahmer. Unweit von den sandigen Uferebenen, auf denen sich das Kumbh-Mela-Fest ausbreitet, lebte bis vor einigen Jahren ein Heiliger, der sein letztes Lebensjahrzehnt damit zubrachte, *Ram Ram* zu wiederholen, unentwegt, und jedes andere Wort verschmähte.

Die Wiederholung eines Mantras führt in die Trance. Die Wiederholung des ›Money Mantra‹ führt laut einer Anzeige zu Artha (siehe Kap. 8), und die dauernde Wiederholung politischer Mantras führt zur Verdummung, wobei es keineswegs einem sprachkritischen Impetus zu verdanken ist, daß der Minister ›Mantri‹, und das Parlament ›Mantralaya‹ heißt.

Da wir das Wort ›Mantra‹ Indien verdanken, erscheint es mir nur angemessen, daß Indien das Opfer unzähliger Mantras geworden ist. Denn Mantras dienen auch als Feigenblätter des Unwissens. Die erste heilige Kuh, die an dieser Stelle zu schlachten wäre, ist das Mantra von der Heiligkeit der Kuh. Keine Fernsehsendung über Indien ohne Kuh, vor allem nicht ohne Kühe, die sich durch den Straßenverkehr bewegen oder an einer befahrenen Kreuzung mampfen und somit kraft ihrer Existenz die Kontinuität des Traditionellen im urbanen, modernen Indien beweisen. Als ich Anfang 2006 mit einem deutschen Fernsehteam in Bombay einen kurzen Film drehte, hielt der Redakteur vor jeder Kuh und versuchte mich zu überzeugen, ich solle an ihr vorbeischlendern. Eine Kuh im Bild ist eben besser als tausend Gedanken. Die Sache mit der heiligen Kuh hat jedoch einen Haken: Die Kuh wird nicht angebetet, es gibt keinen Tempel, der einer Kuh geweiht ist, und es existiert kein Gott, der die Form einer Kuh besitzt. Gewiß, der Bulle *Nandi* trägt den Gott *Shiva*, aber unter den Reittieren der Götter gibt es auch Ratten und Schwäne, und bislang ist niemand auf die Idee gekommen, diese als heilige Tiere zu bezeichnen, was insofern bedauerlich ist, da die Allgegenwart der Ratten in den Städten ein noch stärkerer Ausdruck der ewigen Spiritualität Indiens wäre (in Rajasthan gibt es sogar einen Tempel der Ratten). Somit erfüllt die allgemeine Wertschätzung der Kuh keineswegs die theologischen Maßstäbe von Heiligkeit. Gläubige Inder wären ebenso erzürnt, wenn Affen oder Elefanten, Adler oder Schlangen getötet werden würden, mit dem kleinen Unterschied, daß die Kuh traditionell und in vielen ländlichen Gebiete auch heute noch mit ihrer Milch die Gemeinschaft ernährt. Wenn also jemand in der Großstadt einige Münzen zahlt, um einer Kuh ein Büschel Gras zu spenden, so verbessert er im Vorbeigehen sein ethisches Konto, indem er einem geachteten Lebewesen Gutes tut.

Übrigens ist es historisch erwiesen, daß die Hindus keineswegs schon immer entschiedene Vegetarier waren. Bevor sich der Buddhismus ausbreitete, wurden Kühe geopfert, geschlachtet und verspeist. Auf den Reliefs nordindischer Tempel sieht man Jäger ein gefesseltes Wildschwein tragen, und es ist nicht anzunehmen, daß sie den Eber zu Zuchtzwecken nach Hause schleppten. Aber da bekanntlich nicht sein kann, was nicht sein darf, werden neuerdings in Indien sogar wissenschaftliche Publikationen zum Thema des antiken Fleischgenusses öffentlich angefeindet, ihre Autoren physisch bedroht. Die Verteidiger eines Mantras können zuzeiten sehr uneinsichtig sein.

In Monghyr am Ganges unterhielt ich mich mit einem knorrigen Mann, der eine kleine Molkerei leitete. Während wir über die Kolonialgeschichte des Ortes sprachen, wurde hinter ihm eine Kuh festgehalten, damit ein Bulle sie besteigen konnte. Ich hatte Schwierigkeiten, mich auf das Gespräch zu konzentrieren, mein Blick stahl sich immer wieder von den asketischen Gesichtszügen des Mannes weg zu dem Drama hinter seinem Rücken. Die Kuh widersetzte sich dem Versuch heftig, der Bulle ging einige Male in die Knie. Die Männer, die den Begattungsversuch beaufsichtigten, lachten erbarmungslos. Die widerspenstige Kuh mußte harte Schläge einstecken. Immer wieder besprang sie der geile oder vielleicht auch nur schicksalsergebene Bulle. Schließlich wurden die beiden Tiere weggeführt.

»Hat es geklappt«, fragte ich den Mann.

»Ja, ja.«

»Aber die Kuh wollte wohl nicht?«

»Dieses Vieh ist halt so«, antwortete er, »ich weiß nicht, was mit ihr los ist. Was soll's, sie ist doch nur eine Kuh.«

2. Aum

Aum: 1. Der kosmische Laut, der die Gesamtheit aller Klänge repräsentiert und somit aller Existenz. Er besteht aus den Buchstaben a-u-m, wobei ›a‹ die Wachsamkeit des Menschen bezeichnet, ›u‹ die Traumwelt und ›m‹ den tiefen Schlaf. 2. Eine stimmliche Skulptur, von dem rachentiefen ›A‹ zu dem mundschließenden ›M‹. 3. Symbolisiert alle Buchstaben, also auch alle Alphabete, also auch alles Wissen.

Pandit Tripathys sanfte Stimme schläferte mich ein. Er hatte minutenlang mit geschlossenen Augen geschwiegen, mit dem Oberkörper hin und hergewippt, leicht wie ein Wipfel, der eine Brise fühlt. Als er auf Sanskrit zu singen begann, schloß auch ich die Augen, und bald wollten meine Ohren keinen Schritt weitergehen, sie wünschten sich niederzulassen, im Aum zu verharren.

Ich vergaß Pandit Tripathys häßlichen Mund und den spirituellen Kitsch, der mich umgab. Ich war bereit, der Einfachheit des Moments alles zu widmen, bereit, mich hinzugeben, mich zu öffnen ... da fiel mir unglücklicherweise ein, daß Pandit Tripathy Madonna das Singen von Sanskrit-*Shlokas* beigebracht hatte und ich ihn unbedingt dazu befragen wollte. Sie können jede Frage stellen, hatte er zu Beginn gesagt, solange Sie am Ende eine Spende von zehn Dollar entrichten.

Ich traute mich nicht, ihn zu unterbrechen, auch nicht, als er die Meditation beendete. Er faßte das Einmaleins des Atemyogas zusammen, stellte die erste von fünf Atemarten vor: Höre dein eigenes Atmen, höre den Klang deines Atmens, höre, wie der Klang deines Atmens zu einem Mantra (siehe Kap. 1) wird, spüre, wie das Mantra sich mit deinem Körper vereint, fühle die Energie, die es produziert, lasse es fließen, höre die innere Musik deines Körpers, lasse sie fließen, von *Chakra* zu *Chakra*. Am Ende dieses privaten Schnellkurses überreichte er mir einen Prospekt ... *The persons disirous in Yoga, Tantra, Ayurveda, Veda, Vedanta, Astrology, Religions, Buddhism, Jainism, Indian philosophies, Paninian grammar, Pali, Prakrit, Hindi, musically chanting of Sanskrit hymns, Ethics etc. are successfully speaking & writing divine language Sanskrit within 270 hours utilized in six week intensive camp course or three month curse.* Schließlich versprach der Prospekt, ich würde mit Hilfe des Pandits den fünften Kanal des himmlischen Klangbewußtseins finden. Allerdings hatte ich keine Ahnung, wer mich durch die ersten vier Kanäle führen würde.

»Sprache …«, Pandit Tripathy hielt lange inne, er schien der Ansicht zu sein, daß sich Weisheit in Pausen offenbart, »… ist Musik. Sanskrit ist Musik. Shloka ist Musik. Jeder Konsonant steht mit einem Vokal in Verbindung. Ich kann jeden Vokal beliebig verlängern. Ein Metrum besteht aus acht bis einundzwanzig Vokalen. Aus dem Metrum entsteht Musik. Vierzehn Silbenkombinationen geben die Laute der Sprache wieder, wie sie von Shiva bei Gaumukh an der Quelle des Ganges aus seiner *Damru* herausgeschüttelt wurden. *Rishis* saßen am Ufer des Ganges und setzten Strömung in Metrum um. Die gesamte RigVeda ist in Metren komponiert. Da die Texte mündlich weitergetragen wurden, erleichterten die regelmäßigen Metren das Auswendiglernen. Die Schriftlichkeit hat der Musikalität des Menschen großen Schaden zugefügt.«

Klang ist die Saat des Kosmos, stand unter dem Logo seines Institutes geschrieben. Das Erlernen des Sanskrits, das normalerweise zwölf mühsame Jahre des Studiums erfordert, soll durch die mnemonische Technik, die Pandit Tripathy entwickelt hat, erheblich vereinfacht werden.

»Noch Fragen?«

»Gewiß, Hunderte, gar Tausende, aber da wir nicht viel Zeit haben, vielleicht nur eine einzige: Stimmt es, daß Sie Madonna Sanskrit beigebracht haben?«

»Madonna hat ein Lied gesungen, es hieß ›Yoga Taravali‹ und es enthielt Sanskrit-Shlokas, aber leider hat sie einige Vokale und Konsonanten falsch ausgesprochen. Sie wurde kritisiert, sie wollte es richtig lernen, sie hat sich mit mir in Verbindung gesetzt. Ich habe ihr die Sanskrit-Aussprache innerhalb von zwei Tagen am Telefon nahegebracht. Sie würde gerne nach Varanasi kommen, um bei mir zu lernen, aber sie hat keine Zeit. Ich hoffe, daß sie weiter an ihrer Aussprache arbeitet. Jetzt kann sie sich keine Fehler mehr erlauben.«

Aum ist für sich allein genommen schon ein mächtiges, weitverbreitetes Mantra im Hinduismus. Im Buddhismus lautet das zentrale Mantra: *Aum mani padme hum.* Und auch im Jainismus, jener resolut gewaltfreien Religion, die vor allem im westlichen Indien verbreitet ist, findet Aum in den Gebeten Verwendung. Alle Mantras beginnen mit Aum, ebenso alle Gebete und Rituale. Seit dem sechsten Jahrhundert wird das niedergeschriebene Symbol, das Aum bezeichnet, an den Anfang jedes Textes und jeder Inschrift gesetzt. ›Hari Aum‹ – Segen und Vergegenwärtigung zugleich – wird als Gruß verwendet, landesweit popularisiert von dem hochangesehenen Lehrer Swami Chinmayananda.

Aum ist die mystische Silbe, die vom Atom bis zum Universum alles umfaßt. Weiterer Sinn wird nachgetragen: die drei Silben entsprechen den drei Zuständen des Menschen: Wachen, Träumen, Schlafen; den drei Göttern: Vishnu, Shiva und Brahma; den drei ältesten heiligen Texten: den *Veden* Rig, Yajur und Sama (im Aum ist sogar die Essenz der Veden enthalten, stärker komprimiert als irgendein Stuffit-Programm es je vermögen wird); den drei Welten: *Bhuh, Bhuvah, Suvah.* Solch eine Verknüpfung semantischer Ebenen bezeugt die

Heiligkeit. Minimalisten mag die Vorstellung genügen, daß sich die formlose, eigenschaftslose Kraft des Göttlichen im Schweigen zwischen zwei Aums verbirgt. Insofern war es die Aufgabe der Lautsprecher auf dem Kumbh-Mela-Fest, mich an meine eigene Endlichkeit zu erinnern.

Auch der elefantenköpfige Gott Ganesh wird durch AUM dargestellt. Das A ist der Kopf und das U der Bauch und das M der Rüssel: Groß ist er und sein Wanst so fett wie der dreier Fürsten. Bunt ist er, sein Körper orange, seine Kopfbedeckung golden, seine Stoßzähne und seine Fingernägel sind weiß, geschmückt ist er, sein Rüssel verziert mit Blumen und sein Hals mit einer Girlande und einer Kette. Er sitzt auf einem Thron, auf dem die Maus, die ihn zu tragen hat, entlangkrabbelt, zu seinen Füßen liegen Kokosnüsse. Seinen Rüssel hat er auf seine offene linke Hand gelegt, eine der vier Hände, die ihm zur Verfügung stehen. Die hinteren zwei tragen seine Insignien. Seine Lappenohren sind gepierct, an ihnen hängt die Girlande, die sich um seinen Hals schlingt. Sein Gesichtsausdruck ist wohlwollend, entspannt. Seine Anbetung dauert nur einen Moment und ist denkbar einfach: Verneigung, Opfergabe, Glocke läuten, dreimal um das Idol schreiten, kurzes Gebet. Fertig. So konzentriert wie Aum.

Trotz des gelegentlichen Brimboriums an der Oberfläche zeichnen sich die indischen Religionen aber auch durch maximale Reduktion aus. Minimal Music war schon im alten Indien angesagt. So reichte es beim Gebet aus, die Noten Sa und Pa zu intonieren. Dieser spirituelle Dadaismus hängt mit der Überzeugung zusammen, daß der Aum-Klang unentwegt im Körper hallt: als Logos jenseits von Logos, *anahata nada*, wortwörtlich ›der nicht angeschlagene Klang‹, nur in völliger Stille zu vernehmen, die wiederum einzig und allein durch das Aufgehen im Kosmischen zu erreichen ist. Kein Wunder, daß der Klang Gott selbst (Shiva) verkörpert, sowohl in dem ewigen, unhörbaren, als auch in dem hörbaren Klang, der entsteht, wenn sich zwei Gebilde berühren. Der menschliche Körper ist dazu erschaffen worden, den unhörbaren Klang hörbar zu machen. Folgerichtig gilt Gesang als höchste aller Musikformen und der Körper als wichtigstes Instrument.

Eines Tages lauerte der Räuber Kenaram dem Dichter Bangshi Das auf, der in Begleitung einer Gruppe von Sängern reiste. Sie sangen und tanzten weltvergessen des Weges, selbst als sie die schreckliche Wildnis von Jalia Hawor durchschreiten mußten. Bangshi Das spielte auf der einsaitigen Ektara, die anderen trommelten und schlugen Schellen. Ihrem Gesang lauerte der todbringende Ruf ›Kali sei siegreich‹ auf, sogleich waren sie von Räubern umzingelt, und Kenaram forderte die Sänger auf, sich von ihrem Besitz zu trennen.

»Bediene dich an unserer zerrissenen Kleidung und an unserem Säckchen Reis«, antwortete Bangshi Das ruhig.

»Wer bist du, daß du mir so mutig entgegentrittst?«, fragte Kenaram.

»Ich bin Bangshi Das.«

»Der Mann, dessen Lieder selbst die Steine zum Schmelzen bringen?«

»Die Steine mögen schmelzen, nicht aber das steinerne Herz eines Räubers.«

»Nun, mein steinernes Herz wird nicht schmelzen, das ist wahr, aber es gewährt dir trotzdem einen letzten Wunsch.«

»Dann ist es unser Wunsch, uns mit einem Lied vom Leben zu verabschieden.«

»Du kannst singen, solange ich mein Schwert nicht ziehe.«

Bangshi Das sang, wie noch nie zuvor ein Mensch gesungen hat. Er sang ein Lied, das Shiva seiner Frau Parvati auf dem Gipfel des Kailasch im Himalaja beigebracht hatte, sein Lied wurde zum Leben selbst, und der Räuber erkannte, daß er aus diesem Leben ausgeschlossen war. Er sprang auf, warf sein Schwert fort und flehte Bangshi Das an, das Lied weiter und immer weiter zu singen, denn er könne die Vorstellung nicht ertragen, daß es endete. Er bot dem Dichter alle Reichtümer an, über die er verfügte, und als dieser ablehnte, befahl er seinen Männern, alle in der Nähe vergrabenen Schätze auszuheben. Vor den Augen des Dichters warf er die Juwelen, Perlen und Münzen in einen Seitenarm des Ganges. Überzeugt von der Aufrichtigkeit des Räubers nahm ihn Bangshi Das als Schüler auf und lehrte ihn, durch Musik den Weg der Selbsterkenntnis zu gehen. (Womit der geneigte Leser erkennen kann, daß es verschiedene Wege gibt, Gewalt zu überwinden.)

»Das alte Märchen von Bangshi Das vermittelt, welche Bedeutung wir der Musik beimessen«, erklärte mir Amit Mukherjee, Direktor der Sangeet Research Academy und selbst ein vorzüglicher Sänger. »Musik kann und soll den Menschen völlig verändern. Sowohl den Vortragenden als auch den Zuhörer. Der Gesang ist die Mutter aller Musik.«

Minuten später war es mir vergönnt, einer Demonstration dieser Weisheit beizuwohnen. Die zehn Gurus (siehe Kap. 3) und zwanzig Schüler der Akademie saßen zusammen in der kleinen Aula auf Matten und sangen zu Ehren des Weltmusiktages, nur füreinander. Das Hauskonzert dauerte Stunde um Stunde, in den Improvisationen war die Zeit aufgehoben. Lehrer und Schüler versanken in den Gesang, sie zeigten ihre Begeisterung mit kurz ausgestoßenen ›wah‹-Rufen, und mit ihren Händen malten sie Klangbilder oder stießen ihre Finger in die Luft. Die Vorstellungskraft sei sehr wichtig für das Singen, hatte Amit Mukherjee mir gesagt.

In der *Sangeet Research Academy* – einzigartig in Indien – werden ausschließlich Sänger ausgebildet, und zwar nach alter Tradition. Gurus und Schüler leben zusammen. Diese Lehrstätte vereint zudem die wichtigsten *Gharanas* (Schulen) an einem Ort. Die klassische indische Musik wird meist innerhalb einer Familie von tradierten Gharanas weitergereicht. Es gibt keinen festgelegten Lehrplan, keine vorbestimmten Kurse, jeder Lehrer ist in seinen Entscheidungen unabhängig, bestimmt die Häufigkeit und die Art des Unterrichts selbst. Eine Schule ohne Stundenpläne, ohne feste Termine.

Es hängt von dem Studenten ab, wie sehr er von dem Guru profitieren kann, erklärte mir Amit Mukherjee. Je näher er dem Guru steht, geistig und emotional, desto reicher wird er von ihm beschenkt. Es gilt: Ein Schüler, der die Treue verletzt, verliert die Musik. Die Schüler werden zweimal jährlich bewertet. Unterricht, Unterkunft und Essen sind kostenlos. Das Studium dauert, ebenfalls traditionell vorgegeben, zwölf Jahre, aber auch dies hängt von dem Ermessen der einzelnen Gurus ab.

Auf dem Land – dem Land der fahrenden Sänger und reisenden Spielgruppen – erklingt ein weniger anspruchsvolles Aum. Dazu bedarf es nur eines Kupfertopfes, einiger Eisenringe und eines Mannes, der in der Tradition der *Manbhatt* geschult ist. Eine Tradition, die sich nur in Gujarat und auch dort nur in einigen wenigen Familien gehalten hat. Vor hundert Jahren gab es eine Vielzahl von Manbhatts, wandernde Geschichtenerzähler und Sänger, die nicht nur altbekannte Legenden aus der *Mahabharata* und der *Ramayana* ausschmückten, sondern auch eigene Geschichten erzählten, durchsetzt mit derbem Humor, in einer eigentümlichen Mischung aus klassischer Form und volksnahem Inhalt.

Wie jedesmal, ehe er spielt, setzt Dharmiklal C. Pandya einen rosaroten Turban auf. Er wirkt gleich zehn Jahre jünger. Seine Augen sind tief wie Brunnen, sein Gesicht wird dominiert von einer breiten Nase, bis er zu seinem Gesang anhebt und der Mund sich in den Mittelpunkt schiebt. Er sitzt hinter einem gewaltigen kupfernen Topf – früher wurden Tontöpfe verwendet, von der Art, wie sie bis zum heutigen Tag zum Aufbewahren und Kühlen von Wasser genutzt werden. Solche Töpfe gehörten zu den frühesten Instrumenten der Menschheit. Er wird auf der Tabla begleitet von einem seiner Söhne und auf dem Harmonium von einem zweiten Sohn. Das Lied, das er singt, ist ein *Bhajan* zu Ehren Gottes, eine einfache Melodie und in einem Rhythmus, der sich von Eifer in Übereifer steigert, bis seine Finger wie irre auf dem Topf tanzen. Seine Stimme hat jene Qualität, die ältere Sänger manchmal auszeichnet, es hört sich an, als schwinge eine zweite tiefere Stimme voller Lebenserfahrung mit.

Der Kupfertopf ist leer, erklärt er mir später, abgesehen von einem Geldstück, einem Segensbringer. Die Dicke des Topfes bestimmt den Klang, wenn er mit den eisernen Ringen auf dem Kupfer trommelt. Daher wird der Topf auf Bestellung angefertigt. Dharmiklal C. Pandya spielt fast alles – neben Bhajans natürlich auch *Ragas*. Hundert Ragas kennt er auswendig, lehrt er seinen sieben Schülern. Aber er begnügt sich nicht mit den althergebrachten Kompositionen, er spielt Variationen auf der Basis eines bestimmten Ragas, und er hat sich auch an eigenen Kompositionen versucht. Er singt überall, zu allen Anlässen, in den kalten Auditorien von Kulturzentren, in *Pandals* (den improvisierten Tempeln anläßlich großer Feste), am Ufer von Flüssen, bei Satsangs (religiösen Vorträgen), bei Wohltätigkeitsveranstaltungen des Rotary Club, in Schulen. Manchmal gibt er drei Konzerte am Tag, je zwei bis drei Stunden lang. Vor fünfzigtausend Menschen hat er schon gesungen. Gelegentlich tritt er sogar außerhalb Gujarats auf; das Publikum ist jedoch stets Gujarati. Aber er macht sich Sorgen um die Zukunft dieser Volkskunst, obwohl er neben seinen zwei Söhnen auch sieben Schüler durch die fünfjährige Ausbildung führt. Er gehört zu den letzten Meistern in Gujarat, und als ich in den Monaten und Jahren nach meinem Besuch bei ihm in Baroda, wann immer ich in Bombay und anderswo Gujaratis begegnete, von diesem Künstler schwärmte, stieß ich auf Unkenntnis. Er gab mir einige Musikkassetten mit – eine CD ist nie produziert worden.

Das Telefon klingelt. Er entschuldigt sich, um das Gespräch anzunehmen. Ich höre über den eingeschalteten Lautsprecher, wie ein Mann singt, wie der Manbhatt singend etwas erwidert, so als korrigiere er den Gesang des Anrufenden.

»Wenn ich eine berühmte Geschichte vortrage«, sagt Dharmiklal C. Pandya, nachdem er sich wieder auf die Matte mitten im Übungszimmer gesetzt hat, »über die Tochter des armen Dichters Narsinh Mehta etwa, kennt jeder Zuhörer die Geschichte, und doch weiß keiner, wie ich sie erzählen werde. Es ist eine traurige Geschichte, müssen Sie wissen, denn die Tochter, sie hieß Kunvarbai, war verheiratet, und zu der religiösen Zeremonie, die wir feiern, wenn die Frau zum erstenmal schwanger wird, *mameru*, muß der Vater der Schwangeren der Familie des Schwiegersohns ein besonders schönes Geschenk überreichen. Die Schwiegereltern von Kunvarbai begannen, eine Liste aufzusetzen, wer welches Geschenk geben sollte, und dabei sagte die Schwiegermutter, was wird dein Vater schon bringen können, na, wenigstens einen großen Stein. Als der Dichter die Liste sah, hätte er beleidigt sein müssen, besorgt, aber er war gleichmütig, er sang weiter seine Bhakti-Lieder, seine Bhajans. Was wird dein Vater schon bringen, mußte seine Tochter sich anhören, na, vielleicht einige Blätter vom Tulsi-Strauch, einige Muscheln? Seine Tochter schämt sich, als ihr Vater am Tag des Festes mit leeren Händen auftaucht, doch dann klopft es erneut an der Tür, ein Händler steht am Eingang, und er verkündet: Ich bringe Geschenke, im Auftrag von Nahrsinh Mehta, und eine Vielzahl von Dienern tritt herein, die feinsten Stoffe und Waren in den Händen, sogar ein Stein ist dabei, doch der Stein, so stellt sich bei näherer Betrachtung heraus, ist aus Gold.

Wenn ich die Geschichte erzähle, breche ich oft in Tränen aus, und die Zuhörer weinen auch, Frauen und Männer, und sie weinen so inbrünstig, daß es mich überkommt, nach dem Gesang innezuhalten und die Schluchzenden zu fragen: Wer unter euch ist denn unschuldig, wer hat noch nie um die Aussteuer, um den Brautschatz geschachert?«

Nur ein Zeichen kann mit dem Aum konkurrieren: die Swastika, die ebenfalls ein kosmisches Ganzes repräsentiert. Sie ist ebenso allgegenwärtig, in Heimen, auf Häuserwänden, bei Festen, auf Marktplätzen – das unvollständige Quadrat, oft in roter Farbe getüncht, garantiert den Segen Gottes. Und doch fällt es nicht nur Europäern, sondern auch manchen westlich gebildeten Indern schwer, dieses segensreiche Zeichen zu betrachten, ohne an seine düstere Umdrehung zu denken, an das schwarze Hakenkreuz der Nazis, das sich von der Swastika erst bei genauerer Betrachtung unterscheidet: die Endseiten des Kreuzes gehen in die entgegengesetzte Richtung ab.

Wie kann jemand, der in verschiedenen Traditionen und Kulturen beheimatet ist, mit diesem Widerspruch umgehen? Kann er je vergessen, für welchen Massenmord, welche Menschenverachtung, Zerstörung und Verdummung dieses Zeichen gestanden hat? Und wie kann er die ursprüngliche Vision universeller Harmonie bergen, die in der Swastika, einem der ältesten Kosmogramme der Menschheit, enthalten ist, diesem Talisman im rituellen Alltag von Hindus, Buddhisten und Jain? Ein Bestandteil der komplexesten Pujas, jener Abstraktionen namens Rangoli, die zu besonderen Anlässen vor der Eingangstür gemalt werden. Auf einfacher Ebene symbolisiert die Swastika nichts weniger als die Perfektion des Universums, ein solares Symbol in quadratischer Form. Das Universum wird in vier Teile aufgeteilt, die Sonne in der Mitte. In dieser Bedeutung überwindet die Swastika alle religiösen Grenzen und ethnischen Identitäten. Die Arme des Kreuzes lassen an die Achsen des Universums denken, an Längengrad und Breitengrad, und natürlich an die vier Himmelsrichtungen. Versteht man aber die Swastika nicht nur als magisches Schutzbild, sondern sucht einen persönlichen Zugang, so drückt es den Bezug aus, den die Seele zu einer Welt im vollkommenen Gleichgewicht finden kann, das Ideal einer Aufhebung der eigenen Isolation, um seinen Platz in der kosmischen Allgegenwart zu finden. Es ist mehr als ironisch, daß ein so inklusives Zeichen, eines, das gegen Egoismus und Einseitigkeit mahnt, von den Nazis als Stempel ihrer Politik der Aussonderung verwendet wurde.

3. Guru

Guru (Sanskrit, »der Schwere«): 1. Ein geistiger Lehrer, der schon eine höhere Stufe der spirituellen Erkenntnis erlangt hat. 2. Meister, Lehrmeister, Koryphäe, Autorität, Fachmann, Spezialist, Experte, Kenner, Grandseigneur.

Nie werde ich vergessen, wie Zakir Hussein, größter Tabla-Spieler unserer Zeit, seinen Guru, der auch sein Vater gewesen war, an dessen erstem Todestag ehrte. Um sechs Uhr in der Früh hatte er in einem Konzertsaal in Bombay alle Schüler des vor Jahresfrist unerwartet verstorbenen Alla Rakha versammelt; gewandet in weiße *Kurta Pajamas* saßen sie hinter ihrer jeweiligen Doppeltrommel, und auf ein Zeichen von Zakir Hussein hin begannen sechzig Hände synchron zu spielen, und zum erstenmal hörte ich die dadaistischen Klänge der vielschichtigsten aller Trommeln in einem gemeinschaftlichen Resonanzkörper widerhallen, der mich mit seiner gewaltigen Fülle erregte und sehr bewegt die Lebendigkeit einer Überlieferung bekräftigte.

Der ganze Tag war ein einziges Konzert. Sänger, Sitar-, Sarangi- und Sarodspieler traten nacheinander auf, auf dieser und auf anderen Bühnen, und zum Abschluß des Tages gedachte Zakir Hussein seines Gurus mit einem Open-Air-Konzert, zu dem er einige der größten Trommler der Welt eingeladen hatte, und als er das Mikrofon ergriff, um einige persönliche Worte zum gegebenen Anlaß zu sagen, vertraute er dem Publikum an, daß Alla Rakha für ihn zuallererst Guru-ji war und erst in zweiter Linie Baba-ji (Vater).

Bina guru gnana nahi! ›Ohne Guru gibt es kein Wissen.‹ Es gilt als unseriös, sich auf eigene Faust kundig zu machen. Lehrer und Schüler sind miteinander verknotet in einer symbiotischen Beziehung namens Guru-Shishia-Parampara. Der Guru übergibt einem *Shishia* (Schüler) nicht nur das lebensbegleitende Mantra, sondern sein Beispiel führt ihn in allen Bereichen des Lebens, ein Beispiel, das praktische Fertigkeiten ebenso vorzeigt wie den Weg der spirituellen Erhöhung. Der Schüler wird dem Guru quasi zum Ziehsohn, er lebt oft in seinem Haus, er folgt seinen Anweisungen gehorsam, er dient ihm, und er fügt sich der Disziplin, die der Guru vorgibt. Seit den alten Texten der Upanishaden wird in Indien die Bedeutung der Beziehung zwischen Guru und Schüler in den Mittelpunkt wahrhaftiger Unterweisung gestellt. Damals war Schriftlichkeit noch eine Ausnahme, die mündliche Vermittlung von Wissen und Einsicht wurde gesichert und fortgeführt durch den Guru.

Später, als die *Bhakti*-Bewegung mit ihrer Vorstellung einer direkten und persönlichen Beziehung zu einem Gott eigener Wahl großen Einfluß auf die religiöse Praxis gewann, wuchs die Bedeutung des Guru sogar noch an, denn nun wurde er als leibhaftige Erscheinung des Göttlichen angesehen. In manchen Traditionen wurde von dem Schüler verlangt, daß er nicht nur seinen Geist und seinen Körper, sondern auch sein gesamtes Eigentum dem Guru anheim geben sollte. Der Guru ist bis zum heutigen Tag mehr als nur eine Respektsperson, er wird in einer Weise geehrt, die ansonsten nur den Göttern zukommt. Der Donnerstag heißt auf Hindi *Guruwar* (der Planet Jupiter, auf Sanskrit *Bruhaspati*, ist aufgrund seiner Weisheit der ›Guru der Götter‹) und gilt als Tag des Gurus. Viele Menschen gedenken an diesem Tag ihres Gurus, oft in Form eines Fastens (*Upavas*). Auch in hohem Alter ißt man nur Früchte in Andenken an jenen Guru, dem man als junger Mensch nahestand.

Der Guru testet den Glauben und die Hingabe des Shishia, der Shishia jedoch darf die Absichten des Gurus nicht in Frage stellen. Es heißt, jeder Shishia findet den Guru, den er verdient. Das erklärt, wieso die europäischen Sinnsucher zu Gurus wie Osho pilgerten, zu Meistern der spirituellen Abkürzung.

Wenn die eigene Lehrzeit vorbei ist, fragt man den

Guru, was man nun für ihn tun kann. Und der noble Guru wird nichts anderes verlangen, als daß man sein Wissen weiterträgt.

Ich lernte meinen Guru im Fahrstuhl kennen. Als er eintrat, im zwölften Stock, sagte er etwas, das ich vergessen habe, aber die Art, wie er es sagte, so hintergründig nebensächlich, machte mir Eindruck. »Vor mir stand ein kleiner Mann, steif, die Beine weit auseinander, die Arme hinter dem Rücken verschränkt, das Gesicht leuchtend, der Bart lang und weiß, die Augenbrauen gräulich, das Haar am Hinterkopf zu einem Zopf gebunden. Ein weißer Bart reichte ihm bis zum Bauch, doch seine Stirn war glatt. Er lächelte mich freundlich an … ein Gnom fast, dessen Stirn sein Alter glättete. In seinen Augen lauerte eine verschmitzte Weisheit. Respektiere alles, legte sie nahe, und nehme nichts zu ernst. Seine Augen kullerten hinter dicken Brillengläsern.« (›Der Weltensammler‹). Der unbekannte alte Mann war neugierig, er wollte alles wissen. Wann ich in dieses Gebäude eingezogen sei, wie lange ich zu bleiben gedenke, wieso ich nach Indien gekommen sei. Wir standen im Erdgeschoß auf dem Parkplatz, und meine neue Bekanntschaft zeigte keine Eile, sich zu verabschieden. Auf eine Eingebung hin fragte ich ihn, ob er denn einen guten Lehrer kenne, ich wolle Hindi und Hinduismus lernen und vielleicht auch ein wenig Sanskrit.

»Wissen Sie, wer der beste Lehrer ist?« fragte mich der Weißbärtige. Ich verneinte. »Er steht vor Ihnen. Einen besseren Lehrer werden sie nicht finden.«

Und das sollte sich bewahrheiten. Denn der Mann aus dem Fahrstuhl wurde zu meinem Guru-ji, seine Frau, die ich Mata-ji (Mutter) nannte, und er teilten ihr Leben mit mir, sie nahmen mich in ihre Familie auf, wir kochten zusammen, feierten miteinander und gelegentlich studierten wir gemeinsam, unsystematisch, unregelmäßig, aber immer so, daß das bedeutendste Instrument der Erkenntnis nie aus dem Blickfeld geriet – der Humor.

Gespräch mit Guru-ji.

»Gott ist in allem?«

»So sehen wir es.«

»Wieso soll man dann in den Tempel gehen?«

»Weil sich Gott im Tempel offenkundiger zeigt.«

»Aber Gott ist doch überall?«

»Na ja, wenn du Gott in einer Kakerlake erkennen kannst, das ist natürlich das beste, das schlägt alles.«

Ein Amerikaner namens Donald Heller kam eigentlich nach Bombay, um Sanskrit zu lernen. Aber dann begann er von Musik zu träumen, genauer gesagt von *Sarod*, einem der klassischen Instrumente der indischen Tradition. Lange suchte er, bis er einen Guru fand. Doch der Guru lebte in einem Vorort der Stadt, er konnte es sich nicht leisten, oft in die Stadtmitte zu fahren, um Unterricht zu geben, und der Schüler war unzufrieden mit den seltenen Stunden, also mietete er eine Wohnung in der Nachbarschaft des Gurus, damit er mit ihm zusammenleben konnte. Und er blieb, statt einiger Monate, viele Jahre.

Der berühmte indische Sitar-Virtuose Arvind Parikh, der mehrere Dutzend Schüler hat und in seinem ganzen langen Leben noch nie eine Stunde hat ausfallen lassen (wenn er auf Konzerttournee war, wurden die Stunden nachgeholt), hatte auch einen Shishia in Iran. Eines Tages erreichte ihn die Nachricht, dieser sei schwer erkrankt. Danach hörte er nichts mehr von dem iranischen Schüler. Einige Monate später bat Arvind Parikh einen Iraner, den er in Bombay kennengelernt hatte, ob er nicht nach seiner Rückkehr nach Hause herausfinden könnte, was mit dem Schüler geschehen war. Der Mann berichtete umgehend, leider sei der Schüler verstorben, aber er spüre die Bande zwischen dem indischen Guru und dem iranischen Schüler und die Trauer, daß diese nun zerrissen sei, und daher werde er an die Stelle des Verstorbenen treten. Gehen Sie bitte davon aus, schloß er seinen Brief, daß Sie weiterhin einen Shishia in Teheran haben.

Rebellen sind jene, die die Weisheit ihrer Lehrer auf einer anderen Ebene ansiedeln, die sich mit dem Mantra des Gurus nicht begnügen. Wie Kabir, ein Analphabet, der im Laufe seines asketischen Lebens am Ufer des Ganges zu einem der großen Dichter der Menschheit werden sollte. Kabir war ein scharfzüngiger Prediger, der keine Gelegenheit ausließ, gegen die zwei großen Religionen des Landes zu wettern. Heute wird er als einer der wichtigen Heiligen in der Geschichte Indiens verehrt; eine Sekte namens ›Kabir Panth‹ sieht in ihm gar eine Inkarnation Gottes und huldigt ihm, obwohl er in seinen in volkstümlichem Hindi geschriebenen Strophen gegen jegliche Idole, Propheten, Uniformen, Glaubenszeichen und Rituale gewettert hat.

Allerorten irrer Wirrwarr.
Veden, Koran, Heilige Hölle –
wer ist Mann? Wer ist Frau?
Ein Tontopf voller Luft und Sperma.
Was bleibt, wenn der Topf zerbricht?
Narr! Du hast den Clou nicht gerafft.

Kabir glaubte nur an den direkten, ehrlichen Weg zu Gott, jenseits von Dogmen und Gesetzen. Er war als Prediger, dem Hinduismus und Islam gleich viel beziehungsweise wenig wert waren, keineswegs eine singuläre Erscheinung. Ein Jahrhundert zuvor hatte in Kaschmir eine Tochter aus hinduistischem Haus namens Lal Ded Werke von solcher Kraft geschrieben, daß noch heute viele Kaschmiris sie nicht nur als Vorbild verehren, sondern ihre Gedichte auswendig kennen. Und eine Generation nach Kabir sollte Guru Nanak eine der bedeutendsten synkretistischen Bewegungen ins Leben rufen: den Sikhismus, in dessen Heiligem Buch, dem Adi Granth, ein ganzes Kapitel den Gedichten von Kabir gewidmet ist.

Schon der Name der Religion deutet auf das außergewöhnliche und spirituell geladene Verhältnis von Lehrer zu Schüler. Nicht nur lautet der Titel der zehn geistigen Führer ›Guru‹, sondern das Wort ›Sikhismus‹ selbst ist von dem Wort Shishia abgeleitet. Die ›Sikhs‹ sind also die ›Schüler‹ der Gurus. Der erste von ihnen, Guru Nanak, bestimmte seinen Nachfolger vor seinem Tod im Jahre 1539, und er betonte, daß die Persönlichkeit und die Kraft auf mystische Weise an seinen Nachfolger weitergereicht werden würde. Da sich die Sikhs in späteren Generationen militärisch zur Wehr setzen mußten und schließlich ein beachtliches Imperium eroberten, wurden ihre Gurus auch zu Generälen, und zwei von ihnen, Guru Arjun und Guru Tegh Bahadur, wurden von den Moguln wegen Aufruhr hingerichtet. Der zehnte und letzte der Gurus, Gobind Singh, verkündete das Ende der Guru-Nachfolge. Von nun an lag die spirituelle Autorität beim Heiligen Buch, dem schon erwähnten Adi Granth. So hatte der Sikhismus die Entwicklung der Ausbildungssysteme vorweggenommen, die sich von der Guru-Shishia-Parampara zu einem kanonisierten und systematisierten Unterricht, von mündlicher Unterweisung zu schriftlicher Verweisung verwandelten.

Nahe eines heiligen Flusses, der Narmada, hatte ich einen alten *Sadhu* kennengelernt, der Güte und Demut ausstrahlte – auch unter Sadhus eine Seltenheit. Er war spät am Abend zu dem Shivratri-Fest in dem Tempel der Nandera-Brahmanen erschienen. So unsicher reagierte er auf die üblichen Ehrbezeugungen – sie schienen ihm peinlich zu sein –, daß ich vermutete, er sei erst kürzlich *Sanyasin* geworden. Das bestätigte sich, als ich ihm vorgestellt wurde. Erst nach seiner Pensionierung, nach dem Tod seiner Frau, war er in einen Ashram in Rishikesh eingetreten. Einige Stunden später lud er mich zu sich nach Hause ein, in seine Heimatstadt Baroda. Sein Sohn holte mich mit dem Wagen ab. Wir fuhren durch ein Viertel Barodas, in dem rege gebaut wurde. Alles war in Bewegung, der Staub, die Baukolonnen, die Lieferanten, der Verkehr – die Aspirationen. Die aufstrebende Mittelklasse des Landes war ein Kind, das ungestüm mit Bauklötzen spielte, ohne darauf zu achten, ob es die Umgebung beschädigte. Mehrfach rumpelten wir über aufgerissene Straßen, fuhren an Schutthaufen entlang, überquerten einen Bach, der zugleich als Müllhalde, Kloake und Waschstelle diente. Auf der zwanzigminütigen Fahrt erblickte ich kaum etwas, was das Auge erfreut hätte. Dieses Chaos erschien häßlich und unwirtlich. Doch mein Blick war der Blick des Vorbeifahrenden, und er änderte sich, als wir stehenblieben, in einer Sackgasse, vor einem zweistöckigen Neubau. Auch hier erinnerte die Straße an die Badlands, und die wenigen Bäume schienen nur zu existieren, um die Müllhaufen zu markieren, doch kaum traten wir in das Haus, wurde ich von einer bescheidenen Ordnung empfangen.

Der Sannyasin hatte seinen Sohn, einen erfolgreichen Geschäftsmann, auf seinem spirituellen Weg ein Stück weit mitgenommen. Gemeinsam übersetzten und verlegten sie einen alten, kaum bekannten Text namens *Samkshepa Sharirakam* aus dem Sanskrit. Obwohl der Sohn im Berufsleben stand und keine besonderen Kenntnisse über die Materie besaß, half er seinem Vater bedingungslos. Er hatte das lange Manuskript mehrfach mit seinem Computer abgetippt, formatiert, das Buch mit seinem Geld drucken und binden lassen. »Es bereitet mir eine große Genugtuung«, sagte er, »meine Pflicht zu erfüllen, in den Dienst zu treten.« Er benutzte das Wort ›sewa‹, das mit Dienst nur unvollständig übersetzt ist, denn ›sewa‹ beinhaltet sowohl die Verantwortung, die jeder Mensch angesichts seiner Lebenspflichten trägt, als auch die Belohnung, die in der Erfüllung selbst liegt. Und dann fügte der Sohn noch ein weiteres Wort hinzu, ein Wort, ohne das die Beziehung zwischen Guru und Shishia unvollständig wäre: *Gurudhan*, das Opfer eines Lehrers an die Götter.

Nicht jeder Guru ist bewunderungswürdig. Es gibt Hochstaplergurus und Betrügergurus, und die Verrücktengurus wie etwa Sampath, die von zu Hause ausziehen, um sich in dem Geäst eines Guavenbaums niederzulassen. Vielleicht kann er nichts dafür, es wird gemunkelt, mütterlicherseits herrsche in der Familie eine Tradition des Wahnsinns vor, der sich der Sohn Sampath als allzu würdig erweise. Die Bevölkerung des kleinen Städtchens im Norden Indiens beginnt – mit untrüglichem Instinkt für Auserwählte – zu dem Baum zu pilgern, den Sampath bewohnt. Jeden Sinnsuchenden belohnt der Guru mit einer Perle reinsten Unfugs. Weil er in seinem früheren Leben als Postbeamter in manchen Brief hineingeschielt hat, kann er mit frappierenden persönlichen Details seine Klarsichtigkeit unter Beweis stellen. Derweil verdient seine Familie unter der

Anleitung des praktisch veranlagten Vaters durch den Verkauf von Blumenketten und Räucherstäbchen ein kleines Vermögen. Selbst Affen zieht der Neuheilige an: »Als die Affen zum erstenmal auftauchten, beäugten sie Sampath, dieses seßhafte Mitglied einer anderen Spezies, das sie in ihrem Territorium vorfanden, etwas beklommen und hielten argwöhnisch Distanz, fletschten ihre grotesken verfärbten Zähne, grimassierten und schnatterten verächtlich und spöttisch. Unbeeindruckt von ihrem Hohngelächter, froh über einer weitere Ablenkung, trieb Sampath das gleiche Spiel mit ihnen und johlte und grölte: ›Huh, huh‹, schrie er, rollte die Augen, blähte die Backen auf, wie es schien zu beidseitiger Zufriedenheit, denn die Possen nahmen kein Ende, und bald wagten sich die Affen näher heran, streckten die schmutzigen verrunzelten Hände aus und knufften Sampath, zuerst behutsam, um abzuwarten, wie er reagierte, und als sie merkten, daß er keine Bedrohung darstelle, stießen sie richtig kräftig zu. Und was für Grimassen er schneiden konnte! Ihren Affengesichtern war anzusehen, daß sie schwer beeindruckt waren. Sie waren noch beeindruckter, als sie lange genug auf der Obstplantage waren, um Sampath als den Mittelpunkt einer freigebigen Gemeinde identifizieren zu können. Komischerweise schien sich alles Eßbare auf der Plantage um diesen johlenden dünnen Jungen zu sammeln, der Qualitäten aufwies, die an ihnen nicht gerade geschätzt wurden, ihm jedoch allergrößte Anerkennung einbrachten. Zweifellos, je mehr ein Mensch von einem Affen hatte, um so mehr Geschenke erhielt er.«

›Der Guru im Guavenbaum‹ ist ein Roman von Kiran Desai, aber er liest sich wie eine Meldung aus der Rubrik ›Vermischtes‹.

Dem Leser mag all dies phantastisch und überdreht erscheinen, unglaubwürdig gar, aber wer in Indien gelebt hat, wird manches als durchaus realistisch ansehen. So auch die religiöse Empörung über den Plan der Armee, die Affenplage mit Gewalt zu bekämpfen. Schließlich ist Hanuman der legendäre Helfer und Begleiter des Gottes Rama, einer Inkarnation von Vishnu. Da kann man Affen nicht so einfach abschießen.

Auch Jane Wilson hat einen Guru. Er ist nur einen Knopfdruck und einige Mausklicks von ihr entfernt. Um 16.59 loggt sie sich ein bei ›TutorVista‹, und kurz darauf begrüßt sie ihren Guru, einen jungen Mann aus Bangalore in Indien, der sie seit Monaten durch jenes Fach führt, das ihr in der Schule so viele Sorgen bereitet, die Mathematik. Jane mag ihren Guru; er schimpft sie nie aus, er korrigiert geduldig ihre Fehler, er scherzt mir ihr, und er ermutigt sie. Nach einer Stunde am Bildschirm – ihr Lehrer trägt kurzärmlige Hemden, selbst wenn es bei ihr schneit – hat sie, wenn auch nur für kurze Zeit, das Gefühl, sie werde die nächste Schularbeit meistern.

Der Guru heißt Dhananjay Anantmurthy. Es ist sehr früh am Morgen für ihn. Es hat eine Weile gedauert, bis er sich daran gewöhnt hat, vor Sonnenaufgang aufzustehen und entspannt und fröhlich unbekannte Teenager in den fernen USA zu unterrichten. Als er bei ›TutorVision‹ anfing, mußte er zuerst geschult, sein starker südindischer Akzent abgeschliffen werden. Heute hört man zwar, daß er aus Indien stammt, aber der nur mehr leichte Einschlag wirkt eher charmant als störend. Und aus den Gesprächsfetzen zwischen zwei lösbaren Aufgaben lernt er die coolen Ausdrücke, die Teenager-Formeln der Enttäuschung und Beschwichtigung, die er inzwischen selbstbewußt einsetzt wie ein Dompteur, der immer wieder in die Manege steigt. Jane ist einer seiner leichtesten Fälle. Sie lernt zwar langsam, aber sie gibt nicht auf, und sie läßt sich nach jedem Scheitern schnell wieder aufbauen. Mit Sima Malhotra aus Montana, deren Nachhilfestunde sich gleich anschließen wird, hat er mehr Probleme. Sie möchte mit ihm lieber über Bollywood tratschen, und sie läßt sich von jeder Nebensächlichkeit ablenken.

Das Geschäft mit der Online-Nachhilfe entwickelt sich gut. Gemäß Schätzungen erzielen indische Firmen damit schon einen Jahresumsatz von zehn Millionen Dollar, mehr als drei Viertel davon mit Studenten aus den USA. Elektronische Nachhilfeschulen werden im ganzen Land eröffnet, selbst in kleineren Städten wie etwa Ludhiana und Rishikesh. Die indischen Lehrer verlangen nur zwanzig Dollar pro Stunde, während ihre amerikanische Kollegen bis zu hundert Dollar in Rechnung stellen. Und natürlich kommt es den Indern zugute, daß sie als naturwissenschaftliche und mathematische Asse gelten. In vielen Klassen sitzen auch Kinder von ausgewanderten indischen Familien, sagt Dhananjay. Oft sind sie die besten. Das spricht sich herum.

Zu viele Lastwagen (Gestank), zu viele Eselskarren (Rückständigkeit), zu viele Busse (Gefahr), zu viele Kühe (Heiligkeit), zu viele Fahrradfahrer (Schicksalsergebenheit) und zu viele Autorikschas (Gestank, Rückständigkeit, Gefahr und Schicksalsergebenheit zugleich) – Andheri, einer der dynamischen Vororte Bombays, dicht besiedelt und schwer industrialisiert, entspricht allen Erwartungen an Indien. Es ist laut, hektisch, chaotisch, schmutzig. Doch wenn man von der Hauptstraße in eine breite Zufahrt abbiegt und es schafft, die strengen Kontrollen am Eingangstor zu überwinden, findet man sich in einer anderen Welt wieder: glitzernde Bürogebäude, blitzsaubere Straßen, gepflegte Grünanlagen und klimatisierte Büros, wie man sie in Taiwan oder Kalifornien finden könnte. SEEPZ heißt diese Welt ohne Smog, Lärm und Bettler. Würden nicht Frauen im Sari vorbeieilen, könnte man zweifeln, ob SEEPZ sich tatsächlich einer indischen Exportinitiative verdankt.

Industrieparks wie dieser, manchmal zollbefreit und stets steuerbegünstigt, beherbergen in Bangalore, Hyderabad und Bombay die boomende indische Software-Industrie, die seit 1991 um mehr als fünfzig Prozent pro Jahr wächst. Dieser Erfolg wird von knapp tausend Firmen getragen, die insgesamt dreihundertfünfzigtausend Spezialisten beschäftigen. Der Branchenverband Nasscom erwartet, daß das Exportgeschäft im Jahr 2008 rund fünfzig Milliarden Euro umsetzen wird. Wie im Rausch stürzt sich die von ewigen Krisen geschüttelte Nation auf den Goldesel Software: endlich ein Hoffnungsschimmer am Horizont.

Bei Natu Patel fällt man mit der Tür direkt in die Abteilungen Verwaltung, Entwicklung und Vertrieb – sein Erfolg hat noch keinen Ausdruck in schicken Büroräumen gefunden. In einem langgestreckten Zimmer sitzen alle sechs Mitarbeiter nebeneinander, hinter Computern und Telefonen. Natu Patel leitet eine kleine Firma, die er vor einigen Jahren zusammen mit einem Freund gegründet hat. Im Gegensatz zu den Giganten, die an der Börse gehandelt werden und gänzlich vom Export abhängig sind, entwickelt sein Unternehmen Software für den indischen Markt. Für ihn und seinen Partner, beide studierte Betriebswirte, war der Einstieg in die Computerbranche ein ziemliches Wagnis. »Wir hatten keine Ausbildung und keine Erfahrung. Zudem mangelte es uns an Investitionskapital. Ich hatte zuvor acht Jahre lang für eine Unternehmensberatung gearbeitet, die unter anderem auch im Computerbereich tätig war. Deshalb sind wir bis letztes Jahr absichtlich klein geblieben. Wir haben es vorgezogen, zu beobachten und zu lernen.« Natu Patel schielt nicht auf den internationalen Markt. Ausländische Kunden benutzen indische Lieferanten meist nur zur Datenerfassung oder für andere ausführende Arbeiten, als verlängerte Werkbank gewissermaßen. Gerade einmal einige Dutzend Firmen in Indien entwickeln tatsächlich Software für Kunden im Ausland.

Ein Mythos des sicheren Aufstiegs umgibt die Informatik, genährt von den unzähligen Berichten in den Medien über Landsleute, die es im Silicon Valley »geschafft« haben. Bei Umfragen geben die meisten

Schüler als gewünschtes Studienfach Computer Sciences an. An allen Universitäten des Landes verzeichnet das Fach die höchsten Einschreibquoten. Die universitäre technisch-naturwissenschaftliche Ausbildung genießt seit den Tagen von Jawaharlal Nehru höchste Priorität, auf Kosten der Basiserziehung (64 Prozent Alphabeten). Mit großem Aufwand wurde die technologische Unabhängigkeit angestrebt. Indische Ingenieure überschwemmten in den 80er und 90er Jahren Silicon Valley. 1996 ging fast die Hälfte der insgesamt fünfundfünfzigtausend begrenzten Arbeitsvisa der US-Regierung an ›High-Tech-Kulis‹ aus Indien. In den Räumen manch eines Start-Up-Ventures roch es dezidiert nach Masala (siehe Kap. 5).

Die Absolventen der renommierten Universitäten streben danach, für internationale Konzerne zu arbeiten, träumen davon, ins Ausland, vor allem in die USA, zu ziehen, wo sie mehr Geld, mehr Chancen und fortschrittlichere Technologien vorfinden. Wenn einer aus der Großfamilie es schafft, einen Job in den USA zu bekommen, zieht das seine Kreise. Er gilt als Vorbild, zur Nachahmung empfohlen. Zwar spricht Natu Patel von einem neuen Trend, nicht jedem Angebot aus den USA hinterherzulaufen, doch noch hält der Exodus der hochgebildeten Söhne und Töchter der Mittelklasse an.

Auch Mini Khanna, Marketingleiterin bei PCS, der größten Firma in dem SEEPZ-Komplex, berichtet von Kollegen, die aus den USA wieder nach Indien zurückgekehrt seien. »Wir erleben den Anfang eines umgekehrten Trends. Die guten Leute merken, daß sie in ihrer Heimat genausoviel verdienen können, manchmal sogar mehr. Und sie werden hier benötigt!« Zwar verlassen jährlich siebzigtausend Computerfachleute die indischen Universitäten, aber das deckt kaum mehr die nationale Nachfrage. Wenn der Boom anhält, könnte der Bedarf allein in Indien die Zahl der Absolventen weit übersteigen.

Vielleicht stehen der Welt in Zukunft nicht nur Verteilungskämpfe um Wasser und Bodenschätze bevor, sondern auch um indische Experten. Da es die meisten Programmierer nach England oder in die USA zieht, hat Deutschland in diesem Wettkampf schlechte Karten. Die Fähigeren machen sich in Reeboks (importiert) und Mustang-Jeans (aus heimischer Produktion) auf den Weg ins Silicon Valley.

4. Maya

Maya (Sanskrit, »Illusion«): 1. Die mysteriöse, schaffende Kraft Gottes. 2. Eines der zentralen Konzepte in der philosophischen Richtung der Advaita, *die kosmische Illusion, daß die phänomenale Welt real existiert. Maya ist die Kraft, die die Unendlichkeit Gottes als irdische Endlichkeit präsentiert, von den Menschen aufgrund von Ignoranz und der Beschränktheit ihrer Sinne als wirklich empfunden. Mit anderen Worten: In der Dunkelheit glaubt der Mensch, das rettende Seil sei eine Schlange. 3. Zauberei. 4. Betrug. 5. Charisma.*

Ob in Taxis oder in Bussen, irgendwo auf dem Armaturenbrett oder vor dem Rückfenster hängt, klebt, steht, baumelt eine kleine Gottheit, ein niedliches Miniaturidol, das Bild eines Heiligen, umrahmt von glühenden Lichtern, die unentwegt blinken. Die Busse halten vor Tempeln, Priester steigen ein und gießen heißes Öl in jede spendende Hand. Die Tage werden punktiert von dem Schlag der Tempelglocken, von dem Ruf des Muezzins, von den Gesängen, die aus offenen Türen in die Straßen strömen, auf denen Eremiten mit Bettlerschalen Segen im Tausch gegen Almosen anbieten.

In Indien ist die Religion allgegenwärtig. Wer nichts anderes über Indien weiß, hat zumindest dies vernommen. Seit Europäer von Indien schwärmen, gestehen sie sich ein, Indien sei weise, der Westen hingegen oberflächlich, Indien sei spirituell, der Westen materialistisch. Wie wäre es aber, wenn wir die fremde Welt des verdichteten Glaubens mit Hilfe eines ihrer zentralen Konzepte zu begreifen versuchten? Da gemäß der Vorstellung von Maya der Mensch nur das sieht, was nicht wirklich ist, und all das, was wirklich ist, nicht erkennt, müßten wir zu der Erkenntnis gelangen, daß auch die indische Religiosität eine Mirage ist, ein orientalischer Regenbogen.

Denn wie ist diese angeblich alles durchdringende Spiritualität vereinbar mit der Tatsache, daß die indische Philosophie unzählige Atheisten, Zyniker, Materialisten und Agnostiker hervorgebracht hat, und zwar – das ist das Besondere daran – parallel zu der Dominanz der Religion und nicht erst nach Machtübernahme der Rationalisten? Wie der Nobelpreisträger für Wirtschaftswissenschaften Amartya Sen schreibt: »Nicht nur hat Sanskrit einen umfangreicheren Kanon an religiöser Literatur als jede andere klassische Sprache, es kennt auch eine größere Anzahl agnostischer und atheistischer Texte als jede andere klassische Sprache.«

Wer weiß es schon? Wer soll es hier verkünden?
Woher sie kam, woher sie stammt, die Schöpfung?
Götter waren später, da ward das All geschaffen.
Wer weiß schon, woher sie sich erhoben hat?
Woher hat diese Schöpfung sich erhoben,
ist sie geschaffen oder unerschaffen, der eine nur,
der auf sie blickt aus höchster Himmelssphäre,
er weiß es, oder er weiß es nicht?
(Rigveda: 10 129)

Auch wenn die alten Philosophen immer wieder ihre Treue zu den Veden verkündeten, hat dies keineswegs ihre Freiheit, spekulative Ausflüge zu unternehmen, eingeschränkt. Im Gegenteil, die Anerkennung der Veden war für viele ein bequemer Weg, den konservativen Kräften die philosophischen Eigensinnigkeiten schmackhaft zu machen. In der indischen Geistesgeschichte werden die Veden zitiert, um eine enorme Bandbreite an Ideen zu untermauern. Sowohl die Denker der Vaiseshika-Schule (jene, die an die Existenz ultimativer Einheiten glauben, an individuelle Seelen ebenso wie an Atome) als auch die Advaita-Philosophen (jene, die von einem Urgrund ausgehen, der allen Lebewesen und Kräften gemein ist) legitimieren ihre Sicht vedisch. Auch die Nyaya-Schule, die sich den Gesetzen der Logik und der Erkenntnislehre widmete, verwies auf die Veden. Die vermeintliche Spiritualität war also eher eine Rhetorik der gemeinsamen Grundlagen, ein intellektuelles Lippenbekenntnis, um in Ruhe an der Untertunnelung der Mystik zu arbeiten. Wie sollte man ansonsten erklären, daß der Philosoph Kumarila schon im siebten Jahrhundert behauptet hat, ein ›Ich‹ existiere, bewiesen durch die Tatsache, daß dieses ›Ich‹ beim Denken stets präsent sei, wohingegen sein Kollege Shankara einige Generationen später entgegnete, dies beweise nur, daß ›Subjektivität‹ existiere, und somit die ›Anwesenheit von Bewußtsein‹, die offensichtliche Existenz eines objektiven Selbst sei aber eine Illusion, entstanden durch die Logik der grammatikalischen Verwendung des Wortes ›Ich‹. Zwei einleuchtende Positionen, die sich tausend Jahre später in Europa wiederholen, auf dem Höhepunkt der Aufklärung, bei den westlichen Denkern Descartes und Kant, beide des mystifizierenden Denkens gänzlich unverdächtig. Gibt es irgendwo auf der Welt einen radikaleren Materialismus als jenen der Lehre der Carvaka-Philosophen, die jegliche Vorstellung eines Lebens nach dem Tod ebenso ablehnten wie die Autorität der heiligen Schriften und die Unsterblichkeit der Seele? Nur die unmittelbare Wahrnehmung (*anubhava*) könne zu Wissen führen. Ohne das philosophische Hochdruckgebiet, das die Carvaka-Schule verursachte, hätte ein staatspolitisches Werk wie Kautilyas ›Arthashastra‹ (siehe Kap. 8) nicht entstehen können. Wie soll man die bahnbrechenden Leistungen von Brahmagupta (Astronom), Aryabhata (Mathematiker) oder Kautilya (Ökonom und Politologe) einordnen? Wie die Erfindung der Null erklären – können

Fromme den Drang verspüren, das Nichts zu verzeichnen?

Und wie, um diese Grübelei mit einer besonders perplexen Frage abzuschließen, soll man die öffentliche Stellung der Erotik bewerten? Wieso hat sich in ›Fakiristan‹ die hohe Kunst der Kurtisanen entwickelt, wieso wurden ganze Bibliotheken ›fleischlicher Wissenschaft‹ verfaßt (das *Kamasutra* und das *Ananga Ranga* sind nur die berühmtesten), und wieso sehen die Außenwände der Tempel mancherorts aus wie Trailer für einen Pornofilm?

Die berühmtesten Tempelerotika Indiens finden sich in dem Dorf Khajuraho im Bundesstaat Madhya Pradesh (dem ›Mittelland‹), ein vulkanisches Gebiet, ein altes Gebirge. Von den achttausend erwachsenen Einwohnern Khajurahos ernähren sich zweitausend vom Tourismus – das ist keine Maya. Denn so unentdeckt weite Teile Indiens weiterhin sein mögen, über mangelndes Interesse an den ›Ferkeleien‹ (so ein bayerischer Besucher, der neben mir stand und eine copulation à trois genau inspizierte) kann man sich in Khajuraho nicht beklagen. Es fällt schwer, sich die einstige Hauptstadt vorzustellen, vierhundert Jahre lang eines der bedeutendsten kulturellen Zentren Indiens, Sitz der Chandela-Dynastie, deren Reich von Punjab bis Bengal reichte. Die Tempel lagen damals im Wasser, was angesichts der Eleganz der Bauten überwältigend schön gewirkt haben muß. Die Pilger suchten die Tempel mit Booten auf, und im Hintergrund erhoben sich die Hügel, aus denen die Steinblöcke gehauen wurden – um das nahe gelegene Chunar herum findet sich der beste Speckstein Indiens –, die mit Flößen aus Salbaumholz in die Stadt transportiert wurden.

Natürlich ist wahr, was die kundigen und sprachmächtigen Führer mit theatralischer Erregung in der Stimme kolportieren, daß die Tempel als Modelle des Kosmos gedacht waren, Ausdruck seiner vier Elemente Erde, Feuer, Luft und Wasser, und daß die unterste Ebene der Friese die animalische Welt repräsentiere, die mittlere Ebene jene der Sinne und der Lust, gar der Vereinigung aller fünf Sinne im Einklang (es wird getanzt mit Weingläsern in der Hand; Flöte, Shenai und Veena spielen auf, kleine Becken und die Dholak bestimmen den Groove) und nur die oberste Ebene den göttlichen Segen. Mit anderen Worten: Je höher das Auge steigt, desto mehr ist der Geist erhöht worden. Einfacher gesagt: Das Sublime steht ganz oben. So weit oben allerdings, daß der Mensch kaum hingelangt, egal wie sehr er sich streckt.

Der Tempelbau drückt eine indische Vorliebe für kosmische Ordnungskonzepte aus, die vom Kleinsten bis zum Höchsten alles aufeinander beziehen und dabei etwa das oberste Chakra im Kopf eines jeden Menschen gleichsetzen mit dem heiligen Berg Kailash, einen der Gipfel des Himalaja mit dem Höhepunkt des reinsten Bewußtseins, den ein jeder von uns in sich trägt. Und die berühmte Yogaposition, bei der die Beine sich kreuzen, als wären sie die unteren Schenkel eines Dreiecks, spricht von der Perfektion der Dreiecksform, weswegen die geographische Form Indiens aus zwei spiegelverkehrten Dreiecken besteht. Der Betrachter aus der Fremde nickt freundlich verständig, wenn er überhaupt noch zuhört – der bayerische Mitreisende hat eine Fellatio-Cunnilingus-Darstellung entdeckt, die ihn nicht mehr losläßt, ein Symbol des Gleichgewichts zwischen den Kräften des Männlichen und Weiblichen, zwischen Yoni und Yanni, aber ich bezweifle, daß der genießerische Blick noch Interesse an solchen Erklärungen hegt.

Die jungen Bildhauer hatten offensichtlich großes Vergnügen bei der Arbeit. Sie zeigen nicht nur kopulierende Paare (*maithun* auf Sanskrit, weswegen die erotischen Figuren *Mithuna* genannt werden), manchmal erzählen sie eine libidinöse Geschichte mit den dramaturgischen Mitteln des Comics: auf drei nebeneinanderstehenden Darstellungen wird gezeigt, wie bei einer für die Frau sehr schwierigen Position zwei Helfer herangeholt werden, wie der Mann mit der Rechten onaniert, wie die Frau sich mit der Linken befriedigt. Wer hier nur Sex sieht, ist gewiß ein Gefangener seiner Gelüste, nur ein befreiter Blick kann die wahre Botschaft erkennen, die Lehre von der Einheit des Körpers, der Seele und des Geistes.

Die Tempel zu Khajuraho entlarven die materiellen Gelüste des Menschen und bedienen sie zugleich, sie sind unwidersprochene Verherrlichungen des Hedonistischen und steinerne Gebete zu seiner Überwindung. Sie sind Maya auf beiden Seiten. Und so steht der Führer auf verlorenem Posten, ein Mann, der selbst den eigenen Legenden nicht trauen dürfte, weil sie seine

Bemühung um Würde sabotieren. Der Ursprung des Königsgeschlecht der Chandela sei »eine sehr romantische Geschichte«, hebt er vor dem nächsten Tempel an. Das Unglück habe Hemavati, Tochter eines Priesters aus Kashi (Varanasi), ereilt, bald nach ihrer Hochzeit Witwe zu werden. Sie lebt einsam züchtig, sie schwimmt nur nachts in dem Lotusteich, um keine Begier zu wecken, doch es wäre Maya, als Mensch alles bedenken und dem Schicksal entgehen zu wollen. Mit anderen Worten, sie hat nicht an den Mondgott gedacht, der bei vollem Schein alles sieht und nicht an sich halten kann. Er nimmt sie mit Gewalt – aus dieser Vereinigung wird der erste Sproß des Chandela-Geschlechts geboren. Man könnte nach dieser Geschichte darauf verzichten, eine unromantische Legende zu hören.

Der Unterschied zwischen dem Anschein und der wahren Realität ist ein uraltes philosophisches Rätsel. Der große indische Philosoph Adi Shankara, der im achten Jahrhundert die Grundlagen für die bis zum heutigen Tag prägende Advaita-Philosophie gelegt hat, formulierte einst, nur das Universelle sei reell, die ewige, unveränderliche Realität des Göttlichen, das Brahman. Uns Menschen erscheine es jedoch in unzähligen Formen und Ausprägungen aufgrund unserer beschränkten Sinne. Guru-ji sagte einmal zu mir: »Sieh an, ich habe meine Kinder erschaffen und verstehe sie doch nicht, wie soll ich da verstehen, was Gott erschaffen hat. Ihr (im Westen) wollt alles überblicken, weil ihr mit den Augen des Eroberers schaut. Doch ihr könnt nicht verstehen. Es ist die Arroganz des Menschen, die ganze Welt begreifen zu wollen. Und weil er ungern scheitert, vereinfacht er die Welt, bis er sie versteht, ein jeder auf seine eigene Weise.«

Wenn Maya ein Instrument ist, dann ist das Ego der Virtuose. Das Ego ist das größte Hindernis in der spirituellen Evolution. Wer die Maya einer Ebene durchschaut, für den hält die Tradition stets eine höhere Ebene bereit. Wer etwa in der geopferten Kokosnuß nicht ein Symbol seines Egos mehr erkennen mag, wer der einfachen Symbole überdrüssig ist, der kann zur puritanischen Tradition aufsteigen und *Manas Puja* ausüben, ein Ritual in Gedanken, die reine Vorstellung, bei der weder Kokosnüsse noch Süßigkeiten, Girlanden oder Räucherstäbchen nötig sind, nicht einmal Tempel und Priester. Gott, sagt die innere Stimme, ich gebe dir Rosenblätter, ich gebe dir Jasminblüten, ich gebe dir Räucherstäbchen, ich gebe dir Licht, ich gebe dir alles. »Bei *Manas Puja* kannst du Gott sogar Diamanten überreichen«, sagt Guru-ji und lacht. »Du gibst alles, und doch gibst du nichts.«

Maya über Maya.

Nun könnte man dem Trugschluß erliegen, eine Kultur, die von der Vorstellung der Maya durchdrungen ist, sei von Zensur befreit, denn nur jene Alchimisten, die Bedeutungsvielfalt in Wortwörtlichkeit umwandeln, fühlen sich von Aussagen so sehr bedroht, daß sie diese verbieten müssen. Und doch werden gerade in Indien die Sensen der Zensur eifrig geschwungen. In was für eine Teufelsküche man kommt, wenn man Kunstwerke mit der Elle politischer Korrektheit mißt, konnte man in den letzten Jahren mehrmals erleben.

Da sich die indischen Behörden nicht auf die Umsicht der Regisseure verlassen mögen, muß jede Produktion einer Zensurkommission vorgelegt werden. Nur mit dem Siegel dieser Instanz kann ein Streifen darauf hoffen, in die Kinos zu gelangen. Wenn die Zensurstelle einen Film zum großen Ärger der Rechtgläubigen ohne Beanstandungen ihr Siegel verleiht, muß der Zorn der Massen angerufen werden. Verängstigt nehmen die Kinobetreiber den Film wieder aus dem Programm, eifrige Politiker verweisen ihn nochmals an die Zensur (die er ein zweites Mal problemlos passiert).

Besonders schlimmer ging es dem Regisseur Mahesh Bhatt mit seinem Film ›Zakhm‹ (Wunde), der sich dem heiklen Thema der blutigen kommunalen Unruhen widmet, die Anfang 1993 in Bombay knapp zweitausend Menschen das Leben kosteten. In der etwas konstruierten Geschichte wächst ein unehelicher Junge als Hindu auf, seine Mutter aber führt im Verborgenen ihre islamischen Traditionen fort. Äußerlich nicht als Muslima erkennbar, wird sie während der Unruhen von einer Moslem-Gang angezündet. Im Krankenhaus erfährt ihr Sohn den wahren Glauben seiner Mutter. Im selben Krankenhaus wird auch einer ihrer verletzten Mörder behandelt. Nach ihrem Tod will eine aufgestachelte Meute von Hindus nicht nur den Mörder lynchen, sondern auch die Leiche der Frau entgegen ihrem letzten Wunsch nach Hindu-Brauch kremieren. Obwohl der Regisseur seine Geschichte ohne einseitige Schuldzuweisung und Schwarzweißmalerei erzählt, zwang ihn die Zensurbehörde nach monatelangen Verhandlungen zu einer Vielzahl von Veränderungen. Nicht akzeptabel waren etwa die orangefarbenen (die Farbe des politischen Hinduismus) Stirnbänder mancher Männer im Mob, worauf der Regisseur sie digital schwarz nachfärbte. Entfernt werden mußte auch die Szene, in der ein Polizist einen Moslem erschießt (obwohl dies nachweislich geschehen ist). Zudem mußten einige Szenen neu gedreht werden. Abgesehen vom künstlerischen Verlust erlitt Mahesh Bhatt angesichts des verspäteten Starts und der hohen Zinsen auf das geliehene Produktionsgeld erhebliche Einbußen. Zufällig traf ich, kurz nachdem der Film unter die Lupe der politischen Korrektheit genommen worden war, einen hochrangigen Polizeibeamten, der sich auch mit ›Zakhm‹ beschäftigt hatte. »Wir haben jene Szene beanstandet«, erklärte er mir, »in der die Polizisten sich mit dem Hindu-Mob solidarisieren. Das wirft ein schlechtes Licht auf die gesamte Polizei!« Ich fragte ihn, ob er sicher sei, daß es solche Fälle nicht gegeben habe. »Überall gibt es schwarze Schafe, aber die kann man nicht mit der Polizei an sich gleichsetzen.«

Diese Denkweise ähnelt auf gespenstische Weise den Einwänden radikaler hinduistischer und islamischer Gruppen: Der einzelne steht für die Gesamtheit, sein Fall wird als Prinzip verstanden. Folgerichtig darf eine Figur, die einer bestimmten (Glaubens-)Gemeinschaft zugeordnet werden kann, keine Untat begehen. Der Mißerfolg dieser Haltung in Indien ist horrend: Seit 1947 werden die Schrecken der Teilung unter den Tisch gekehrt, und in dem darauffolgenden halben Jahrhundert ist es im ganzen Land zu mehr als zwölftausend kommunalen Ausschreitungen und Massakern gekommen. Bei den Unruhen Anfang 1993 wurden in Bombay Rachegefühle durch Mythen aus der Zeit der Teilung entfacht (»Die sind wie jene, die damals unsere Frauen vergewaltigt haben.«).

Der Einwand, das Thema sei heikel, die Wunden der Vergangenheit sollten nicht aufgerissen werden, erschlägt jede kritische Auseinandersetzung mit der Geschichte. Die Freiheit des Künstlers wird beschnitten, weil intolerante Menschen ein Thema so manipuliert und instrumentalisiert haben, daß es zu einem Tabu geworden ist. Deswegen kann sich im Endeffekt nur der religiöse Fanatiker über die Zensur freuen, denn er hat sein grobschlächtiges Denken zu dem Maßstab erhoben, mit dem künstlerisches Differenzieren zurechtgestutzt wird. Oder mit anderen Worten: Nur wer in einem mordenden Hindu alle Hindus sieht, kann die Ablehnung der konkreten Abbildung nachvollziehen. So ist es folgerichtig, daß dem Film von Mahesh Bhatt nicht etwa Ungenauigkeit, sondern zuviel Realität vorgeworfen wurde. Die politische Korrektheit fordert keineswegs eine Lebensnähe, sondern die Beschränkung auf vorgegebene Schablonen mit klaren Konturen, die Vermeidung von Grauzonen. In seiner dialektischen Perversion ist dies dem sozialistischen Realismus nicht unähnlich, der ja bekanntlich alles andere als realistisch war.

Geschult an der Philosophie von Maya müßte die entscheidende Frage lauten: Wer zensiert eigentlich die Zensur?

Die Zensur in Indien betrifft nicht nur gegenwärtige Themen. Es ist für Historiker schwierig, sich jenen geschichtlichen Figuren anzunähern, die von einer der vielen Gemeinschaften in Indien in den Heiligenstand erhoben worden sind. Einer Gestalt wie der mystischen Dichterin Mirabai etwa, einer Art indischer Hildegard von Bingen. Das monochrome Abziehbild zeigt sie stets in züchtig weiße Gewänder gekleidet, die einsaitige Ektara zupfend. Ihre Liebe zu Krishna wird eifrig vergegenwärtigt, ihre Ehe mit dem Herrscher eines großen Reiches in Rajasthan geflissentlich übersehen. Als der indische Autor Kiran Nagarkar einen Roman mit dem Titel ›The Cuckold‹ (›Krishnas Schatten‹) über sie verfaßte, sorgte er für einige Aufregung. Er stellt in seinem historischen Roman die Heldin in Frage, er diskutiert ihre menschlichen Leidenschaften und Schwächen, und er wirft ein Licht auf die Leiden ihres Ehemannes, der es wahrlich nicht leicht hatte als Gottes Nebenbuhler.

Als das Buch erschien, mußte Nagarkar Kritik einstecken. Mehrere vereinbarte Veranstaltungen wurden abgesagt, weil man erfahren habe, »daß Mirabai in einem anderen Licht gezeigt wird, als erwartet«. Eine persönliche Interpretation von Nationalikonen wie Mirabai oder des regionalen Fürsten Shivaji, der von den Marathi als Heiliger und Held zugleich verehrt wird, ist kaum möglich. Selbst einfühlsame, nachdenkliche Kritiker haben Nagarkar die Szene vorgeworfen, in der Maharaja Kumar mit Mirabai ins Bett geht, denn dies widerspreche der einhelligen Überzeugung, sie sei eine Jungfrau geblieben, obwohl sie mit dem Maharaja verheiratet war.

In Indien findet seit einem Jahrzehnt ein wütender Kampf um die nationalen Ikonen statt – Schulbücher werden umgeschrieben, historische Tatsachen als Beleidigung einer bestimmten Gemeinschaft tabuisiert. Jedes Buch, das in Schulen oder Universitäten verwendet werden soll, muß zuerst von einer Zensurbehörde genehmigt werden, die überprüft, ob alle Heroen, Gurus und Götter mythengerecht abgebildet sind. Auf die historische Wahrheit wird nicht nur kein Wert gelegt, es wird sogar erwartet, daß sie gegenüber den Legenden zurücktritt.

Wohin dieser fatale Maya-Kreis führt, zeigten die Massaker im Bundesstaat Gujarat, bei denen im Frühjahr 2002 mehrere tausend Moslems brutal umgebracht wurden. Das Muster kurzer, lokaler und begrenzter Konflikte zwischen Mitgliedern verschiedener Glaubensgemeinschaften hat sich als Phänomen etabliert, auf das die indische Öffentlichkeit mit geübtem Entsetzen, Bedauern oder Schadenfreude reagiert. Aber die Ereignisse in Gujarat waren von einer unfaßbaren Perversion, und die Machenschaften der regierenden Bharatiya-

Janata-Partei mit der Polizei und der Verwaltung bewiesen, was zuvor oft vermutet, aber selten so detailliert dokumentiert worden war, daß sich nämlich solche Gewalt keineswegs einem spontanen Volkszorn verdankt, sondern einer unheilvollen und langwierigen politischen Strategie, die danach strebt, der indischen Gesellschaft den eigenen Stempel aufzudrücken. Wenn die Mächte, die in Gujarat die Fäden zogen, nicht besiegt werden, könnte sich diese Katastrophe als Entwurf für eine von der ›Sangh Parivar‹ dominierte Zukunft erweisen.

Gemeinhin werden die ›Sangh Parivar‹ und ihre verschiedenen Aushängeschilder als ›hindu-nationalistisch‹, ›rechtsextrem‹ oder ›faschistisch‹ etikettiert. Es wäre präziser, diesen Bund als eine politische Kraft der Anti-Moderne zu bezeichnen, denn die Ideologie der ›Sangh Parivar‹ erschöpft sich nicht in einer konservativen Geistcshaltung. Sie konstruiert eine neue, eine vereinfachte und homogene Version der vielen Stränge des Hinduismus, um damit in einer globalisierten Welt die eigene Position zu verteidigen und auszubauen. Sie bedient sich des Religiösen als Quelle für eine populäre Rhetorik und Bildersprache, mit deren Hilfe eine Hindu-Identität konzipiert wird, die sich aggressiv über alle im Hinduismus verankerten hybriden und mannigfaltigen Identitäten stülpt.

Der Ursprung dieser Ideologie reicht bis Anfang der dreißiger Jahre des letzten Jahrhunderts zurück. Damals wurde der Kerngedanke formuliert: Jede in Indien geborene Person ist per Definition ein Hindu (nur in

Indien geborene Götter sind akzeptable Götter). Daraus folgt in einem bizarren Syllogismus, daß jeder Nicht-Hindu-Inder ein Verräter an seinem Vaterland ist, der sich nur retten kann, wenn er zu seinen Hindu-Wurzeln zurückfindet; sollte er sich wehren, muß er zugrunde gehen. »Mit einem Wort, sie müssen aufhören, Ausländer zu sein, sie müssen sich völlig der Hindu-Nation unterwerfen, ohne etwas zu fordern, ohne Privilegien zu verlangen oder gar bevorzugte Behandlung, nicht einmal Bürgerrechte«, formulierte M. S. Golwalkar, der Vordenker der Bewegung, im Jahre 1938.

Dieses ›Gesetz von Golwalkar‹ wird heute von vielen Sympathisanten der ›Sangh Parivar‹ wiederholt. Sie behaupten, die Minderheiten in Indien, vor allem die angeblich von Staats wegen privilegierten Moslems, würden sich ›zuviel herausnehmen‹. Anstatt vor ihren gnädigen Hindu-Herren zu kauern, dankbar um die Gnade der Brosamen, stellen sie forsche Forderungen. »Das wird ihnen eine Lehre sein«, sagte während der Pogrome in Gujarat mein gebildeter und scheinbar friedliebender Hindu-Nachbar. Sein Gewissen hatte verdrängt, daß bei dieser Lehrstunde schwangeren Frauen der Bauch aufgeschlitzt und der Fötus vor ihren Augen erschlagen wurde, daß das Haus einer neunzehnköpfigen Familie überflutet wurde, um sie durch Stromschlag zu töten. (Nur zwei von vielen grauenhaften Beispielen aus Harsh Manders Augenzeugenbericht ›Cry the Beloved Country‹.)

Die ›Sangh Parivar‹ hatte seit langem den Boden in Gujarat bereitet. In jedem Städtchen steht für Hindu-

Kinder eine *Sakha*-Schule offen. Wie die islamischen Madrasas bilden die Sakhas ein paralleles Bildungssystem und vermitteln eine eigene Ideologie. Die Kinder werden mit Weisheiten des heiligen Golwalkar beglückt: »Um die Reinheit der Nation und seiner Kultur zu sichern, schockierte Deutschland die Welt, als es sein Land von Juden säuberte. Nationaler Stolz hat sich auf höchstem Niveau verwirklicht. Deutschland hat gezeigt, wie unmöglich es für grundverschiedene Rassen und Kulturen ist, sich in eine Einheit zu vereinen. Eine nützliche Lehre für uns in Hindustan.« Der Lehrplan reduziert die komplexe Geschichte der Hindu-Muslim-Beziehungen auf eine Passionsgeschichte mit blutrünstigen moslemischen Eindringlingen und wehrlosen hinduistischen Opfern. Kaum verwunderlich, daß die Absolventen solcher Akademien sich ihrer Nation würdig erwiesen, indem sie monatelang zerstörten, plünderten und mordeten.

Es war den Anstiftern ein leichtes, aus dem umfangreichen Lumpenproletariat eine Armee von Teilzeitmördern zu rekrutieren, verführt durch das Versprechen fetter Beute. »Zuerst fuhr ein Lastwagen vorbei, der hetzerische Parolen verbreitete, bald gefolgt von weiteren Lastwagen, aus denen junge Männer stiegen. Sie waren mit hochmodernem Sprengstoff, einfachen Gewehren, Dolchen und Dreizacken bewaffnet. Auch trugen sie Wasserflaschen bei sich, um sich während ihrer Strapazen zu stärken. Die Anführer kommunizierten über Handys mit einer Zentrale. Die Lastwagen transportierten auch Gaszylinder. Ein offensichtlich geübtes Mitglied der Truppe zündete eine Flamme, die bald das ganze Gebäude erfaßte.« (Harsh Mander)

Allerdings empfanden die wohlhabenden Schichten keine Scheu, in ihren schicken Limousinen vorzufahren und die Chance auf eine Drive-In-Plünderei zu nutzen. Der stellvertretende Polizeichef Ahmedabads, der Hauptstadt Gujarats, teilte den EU-Diplomaten mit, daß jede moslemische Firma in von Hindus dominierten Stadtteilen zerstört worden sei. Wenn lamentiert wird, welche schweren wirtschaftlichen Schäden Gujarat erlitten hat – schätzungsweise dreißig Milliarden Euro –, wird oft übersehen, daß die moslemischen Eigentümer den Großteil dieses Verlustes zu tragen haben und ihre Hindu-Rivalen langfristig davon profitieren werden. Die Mehrheit hat mit einem Schlag die größte Minderheit enteignet. Das erklärt die enge Zusammenarbeit zwischen der Verwaltung und Privatleuten etwa aus der Baubranche, die das geräumte Land in dicht besiedelten Vierteln neu entwickeln können.

Die am schlimmsten von Unruhen betroffenen Städte in Indien, neben Ahmedabad vor allem Kanpur am Ganges, haben als industrielle Zentren eine kontinuierliche Verelendung erfahren – in den letzten fünfzig Jahren ist die Zahl der beschäftigten Bevölkerung in Kanpur um mehr als fünfzehn Prozent gefallen. In solchen Metropolen hat sich in den letzten drei Jahrzehnten ein ›Hindu-Moslem-Aufruhrsystem‹ (Paul Brass) entwickelt, das fest in das Gefüge der Gesellschaft installiert ist und von den Machteliten jederzeit für ihre Interessen manipuliert werden kann. Gleichzeitig hat sich die indische Parteienlandschaft zersplittert; einerseits wird politisch um verschiedenste Sonderinteressen gebuhlt, andererseits versuchen die Kräfte der ›Sangh Parivar‹, die Verunsicherung und Angst der Menschen angesichts moderner Diskontinuitäten und Katastrophen mittels einer Propaganda revanchistischer Monokultur auszunutzen.

Ist Indien ein wundersames Fabelwesen, ein schmutziger Barbar oder ein unschuldiges Adoptivkind? Im Verhältnis zwischen dem Westen und Indien herrscht besonders viel Maya vor. Falsche Spiegel, Trompe-l'œils, Maskenspiele: Der westliche Blick weiß schon lange nicht mehr, was er sieht, was er zu sehen glaubt und was er zu sehen wünscht, und die Selbstwahrnehmung Indiens, in all ihrer Fragmentierung, orientiert sich oft unbewußt an den Projektionen der Europäer. Indien ist andererseits irrational, Europa einerseits rational. Indien ist das Urland der Spiritualität, eine mystische Region, durchtränkt von uralten Traditionen, mit anderen Worten: nackte Fakire, magische Seile, geschmückte Elefanten und so weiter und so fort.

Im 18. Jahrhundert, als das Projekt der Welteroberung politisch noch nicht durchdacht war, beschäftigten sich viele britische Angestellte der Ostindischen Gesellschaft ernsthaft und respektvoll mit den indischen Kulturen, allen voran der umtriebige William Jones, der mit einigen Gleichgesinnten aus der ›Asiatic Society of Bengal‹ eine Reihe klassischer Sanskrit-Texte ins Englische übersetzte und kommentierte. Es gab viele Entsandte, die sich der einheimischen Kultur anpaßten, sich mit einer indischen Geliebten arrangierten, wenn sie nicht sogar eine Einheimische ehelichten, sich der lokalen Mode gemäß kleideten und sogar in hinduistische oder islamische Glaubenswelten übertraten.

Doch kaum brach das imperiale Zeitalter an, schien Sympathie suspekt und Nähe gefährlich. Englische Frauen wurden in rauhen Mengen nach Indien verschifft (eine hervorragende Aufstiegschance für Frauen aus niederen Schichten), es entstanden britische Ghettos (die cantonments, deren Spuren man heute noch in jeder größeren indischen Stadt anhand des rechtwinklig und ordentlich angelegten Straßennetzes erkennen kann), und die britischen Intellektuellen beeilten sich, in vorauseilendem Gehorsam die Unterwerfung dieses gewaltigen Reiches zu rechtfertigen.

Das ließ sich am einfachsten bewerkstelligen, indem man Indien kulturelle Eigenleistung und zivilisatorische Tradition absprach. James Mill – Vater des berühmteren John Stuart Mill – veröffentlichte 1817 ein dreibändiges Machwerk mit dem Titel ›History of British India‹, worin er Indien jegliche kulturelle oder wissenschaftliche Leistung aberkannte und aus seinem schottischen Sessel heraus zu dem Resultat gelangte, das Land sei durch und durch primitiv, und somit sei das British Empire geradezu verpflichtet, Indien zu seinem zivilisatorischen Glück zu zwingen. William James wurde gescholten, weil er »Hindus als Teil einer hochstehenden Zivilisation beschrieben hat, während sie in Wirklichkeit kaum mehr als die allerersten Schritte in der Entwicklung zur Zivilisation unternommen haben.« In diesem frühimperialistischen Werk sind auch die ersten Keime des Rassismus gepflanzt, die in der zweiten Hälfte des 19. Jahrhunderts aufgehen sollten: »Unsere Vorfahren waren rauh, aber ehrlich; hinter der glitzernden Oberfläche des Hindus lauert hingegen eine grundsätzliche Neigung zu Betrug und Perfidie.« James Mill brachte die besten Voraussetzungen für sein epochales Werk mit: Er hatte Indien nie besucht, er verstand kein einziges Wort irgendeiner indischen Sprache, und er lehnte die Schriften der vorangegangenen Autorengeneration prinzipiell ab. Frei von Wissen oder Erfahrung konnte er die Wahrheit über Indien verkünden. In der Walhalla der Mayaisten gebührt ihm ein Ehrenplatz.

James Mill war der Urahn einer Dynastie von europäischen Autoren, die Sachkenntnis durch Besserwisserei ersetzten. Sein Werk wurde umgehend zu einem Klassiker. Die Kollegen lobten es in den höchsten Tönen. Macaulay schwärmte, dies sei »das gewaltigste Geschichtswerk in unserer Sprache seit Gibbon.« Kein Wunder, daß Macaulay, der selbst eine steile Karriere als Administrator in Indien machen sollte, in Mills Sprachblasen trat: »Ich habe keinerlei Kenntnis des Sanskrit oder des Arabischen … Aber ich habe noch keinen Orientalisten getroffen, der bestritten hätte, daß eine Regalreihe in einer halbwegs brauchbaren europäischen Bibliothek mehr wert ist als die gesamte eingeborene Literatur Indiens und Arabiens.« (Indien allein war wohl nicht genug.)

So absurd solche Aussagen heute anmuten mögen, damals übten sie einen enormen Einfluß auf die öffentliche Meinung aus, ein Einfluß, der wohl zum letzen Mal im Jahre 1927 einem einzelnen Buch zukam, Katherine Mayos ›Mother India‹, mit der Absicht geschrieben, in den USA für Unterstützung der britischen Kolonialherrschaft zu werben. Das hinduistische Indien wird als unentrinnbar und hoffnungslos verarmt, erniedrigt und korrupt beschrieben. Mahatma Gandhi hat dieses konfuse Werk einmal mit mehr Humor, als ihm gemeinhin zugetraut wird, als ›Bericht eines Kanalisationsinspektors‹ beschrieben. Die indische Kanalisation hat ihre enorme Anziehungskraft bis zu unseren Tagen nicht eingebüßt, wie man in ›Zunge zeigen‹, einem Reisebericht von Günter Grass, nachriechen kann.

»Wir Inder sehnen uns danach, auf dem internationalen Parkett Anerkennung zu finden. Aus einem postkolonialen Minderwertigkeitskomplex heraus. Man ist nur wahrhaft bedeutend, wenn man ein Weltklassespieler ist, und das ist man nur, wenn man in den USA und in Westeuropa große Erfolge feiern kann. Hat man es so weit gebracht, fällt man in eine paradoxe Falle durch den korrespondierenden Vorwurf, man habe sich verkauft, man produziere künstlerisch minderwertige Kunst, die sich bei dem Westen anbiedere. Das ist ein Teufelskreislauf. Wenn wir selbstsicherer wären, unseren Fähigkeiten mehr vertrauten, dann würden sowohl das Schielen auf den Westen als auch das Mißtrauen gegenüber dem Fremden nicht in solchen Extremen existieren. Der

Westen wird als Gigant und Golem imaginiert, den man beeindrucken und besänftigen will, und das führt zu diesen seltsamen psychologischen Manövern.« (Der Schriftsteller Vikram Chandra in einem persönlichen Gespräch.)

5. Masala

Masala (Gujarati, »Gewürz«): 1. Ein Gemisch aus gemahlenen Gewürzen, verwendet in der indischen Küche. 2. Jedwede Art von Würze. 3. Eine Vermischung auf fast jedem Niveau und in fast jedem Bereich.

Die Stimme schwätzt und schwatzt, und wer nach einer Minute noch zuhört, der wird nicht daran zweifeln, daß diese Frau wie jeder gute Radio-DJ Stunden mit ihrem Palaver füllen könnte, in einer etwas schrillen und doch angenehm enthusiastischen Tonlage. Es ist nicht leicht zu verstehen, wovon sie spricht, aber es fällt ins Ohr, wie oft und mit welcher Selbstverständlichkeit sie vom Englischen ins Hindi und wieder zurück wechselt, manchmal mitten im Satz. So als gebe es eine Sprache, die *Hinglisch* heißt, und sie ist eine Meisterin dieses Argots, wie in den Gesprächen mit Studiengästen deutlich wird, die sich bei ihren Antworten meistens an eine der beiden Sprachen halten, doch keinerlei Schwierigkeiten haben, ihren Fragen zu folgen. Der Jingle, der alle zehn Minuten ertönt, verkündet den Namen dieser coolen Sendung am Vormittag, dieser Show, die zu den populärsten gehört: *Masala Mix*.

Die Inder mögen, wie alle Welt weiß, ihre Gewürze. Keine Überraschung also, daß der erste Privatsender, der 24 Stunden am Tag ausstrahlte, ›Radio Mirchi‹ getauft wurde – Radio Rotes Chili. Stolz verkündete der Vater des Projektes, Vineet Jain, Sproß eines Klans von Medienmoguln, dem auch die meistverkaufte englischsprachige Zeitung ›Times of India‹ gehört, bei der Premiere, man habe eingedenk einer hehren indischen Tradition einen symbolischen Namen gewählt und nicht wie im Westen üblich etwas Nichtssagendes à la ›Jack oder Jill‹. ›Radio Mirchi‹ sei »nicht nur ein Markenartikel, sondern ein Versprechen an unsere Zuhörer«. Die Premierengäste wurden von Kellnern bedient, die sich als Chilis maskiert hatten, und neben dem Direktor stand eine ehemalige Schönheitskönigin im paprikaroten Minirock. ›Radio Mirchi‹ war offenkundig eine scharfe Sache!

Als neugieriger Zuhörer stellte ich gleich am nächsten Morgen die Frequenz meines Empfängers auf 98,3 FM. Meine Enttäuschung war grenzenlos. Dem würzigen Sender mangelte es an Inhalt, an jedweden Nährstoffen. Der Chili war reiner Selbstzweck, und wie unerträglich dies ist, weiß jeder, der einmal in eine solche Schote hineingebissen hat. In den ersten Wochen fehlten sogar die zweiminütigen Kurznachrichten, die ansonsten als Feigenblatt für reinen Eskapismus herhalten müssen. Junge Frauen, die einen Schnellkurs in Sprechtechnik absolviert hatten und beim Reden hörbar auf gedehnte Vokale und betonte Endsilben achteten, füllten die Löcher zwischen den Songs mit Albernheiten über Liebe, Romantik und Film. »We're going to have fun«, plärrten sie und wiederholen dieses Mantra (siehe Kap. 1) wie ein nicht erhörtes Gebet. Als das Gespräch mit einem Hörer zufällig das potentiell ernste Thema der Inflation streifte, wurde im Handumdrehen der passende Scherz ausgeschüttet: »Hauptsache, die Preise für Gewürze steigen nicht an!«

Chilis sind assimilierte Inder. Ursprünglich stammen die Schoten aus Lateinamerika. Prähistorische Funde in Peru beweisen, daß Chili in rauhen Mengen lange vor Ankunft der Europäer angebaut wurde. Die ersten Samen wurden schon 1493 nach Spanien gebracht, und von dort aus verbreitete sich die scharfe Paprika rasch in ganz Europa und gelangte kurz darauf – wahrscheinlich auf einem portugiesischen Schiff – bis nach Indien.

Im südlichen Indien ist die Hitze allgegenwärtig und das ganze Jahr hindurch beständig. Die Farben der Landschaft sind längst verblaßt, allein die roten Pigmentstoffe des Chilis stechen einem ins Auge. Die Schoten werden zum Trocknen auf den Boden gestreut, als hätte eine Riesin ihre Saris auf den Feldern ausgelegt. Oder das Chili erhebt sich in gewaltigen Haufen am

Straßenrand, noch nicht pulverisiert, aber schon in der konischen Form, die es bald in allen Basaren annehmen wird, von Hyderabad bis Bahrain.

Hyderabad ist nicht nur die Hauptstadt des südlichen Bundesstaates Andhra Pradesh, sondern auch die Kapitale der würzigen Küche. Wer meint, er habe schon scharf gegessen, vielleicht beim Inder um die Ecke oder in einem Lokal in Jaipur oder Agra, der sollte sich an ein Abendessen in Hyderabad heranwagen. Das Restaurant, in dem ich meine Feuertaufe erhielt, war schummrig, die Speisekarte ein kleines Kunstwerk aus Leder und Kalligraphie. Mein Bruder und ich teilten dem Kellner mit, wir seien scharfes Essen gewohnt, aber er besaß die Barmherzigkeit, uns nicht beim Wort zu nehmen und uns jene Gerichte zu empfehlen, die in der Speisekarte ohne ein schmuckes Chilizeichen in der Marginalie auskamen. Wir amüsierten uns ein wenig über den fürsorglichen Kellner, der uns offensichtlich für Grünschnäbel hielt. Das Essen wurde bald aufgetischt. Rein äußerlich sahen die Gerichte harmlos aus, verführerisch sogar. Aber schon der erste Bissen führte in den neunten Kreis der kulinarischen Hölle, der Feuerwerfer im Mund trieb mir den Schweiß auf die Stirn, die Augen tränten, und ich sehe es noch vor mir, wie ich aufblickte, zu meinem Bruder hin, der in seinem Leid mein genaues Spiegelbild war, und wie wir beide gemeinsam aussprachen oder eher röchelten: wie schmecken wohl die wirklich scharfen Gerichte?

Merkwürdigerweise ist das Gewürz, das in Deutschland unter dem Namen Curry operiert, in Indien unbekannt. Curry, abgeleitet von dem tamilischen Wort *kari*, bedeutet eigentlich ›Gericht mit Sauce‹, im Gegensatz zu den trockenen Tandoori-Speisen wie etwa dem Kebab. Irgendwann haben britische Kolonialisten eine Gewürzmischung, eine Masala also, mit nach Hause genommen, die ihre typische Farbtönung aus der stets beigemischten, antiseptisch wirkenden Gelbwurz gewinnt, ansonsten aber eine wechselnde Vielzahl von Ingredienzen enthält, gemeinhin Kreuzkümmel, Koriander, Paprika, Nelken, Zimt, Muskatnuß, Ingwer, Senfkörner, Anis, Lorbeerblätter, Pfeffer, alle geröstet und fein gemahlen. Je nach gewünschter Schärfe wird in Indien Chili beigemengt, wodurch die populäre Gewürzmischung *garam masala* entsteht. Die klassische *garam masala* der *Mughlai*-Küche enthält vor allem Kardamom, Zimt, Nelken und schwarzen Pfeffer. Jeder Koch, der etwas auf sich hält, stellt seine eigene Masala her, und die Zusammensetzung, oft von Generation zu Generation weitergereicht, wird streng geheimgehalten. Als eines Tages in einem Restaurant meine Gefährtin extrem allergisch auf das Essen reagierte, weigerte sich der Koch, die Mischung seiner Gewürze zu verraten, unter dem Vorwand, die Masala würde in einer kleinen Stadt im Süden Indiens hergestellt und keiner wisse, woraus sie bestünde. Hausgemachte Masalas unterscheiden sich je nach Region und Gericht. Sie werden nicht nur in Pulverform aufbewahrt und verkauft, sondern, vermengt mit Wasser oder Essig, auch als Paste.

Was in Deutschland als indisches Essen angeboten wird, gehört fast ausnahmslos zur nordindischen *Mughlai*-Küche, die große Ähnlichkeit mit der Küche der islamischen Nachbarn Pakistan und Afghanistan besitzt. Das Essen beginnt mit Tandoori-Speisen, in einem Tiefofen namens Tandoori gegrilltem Fleisch (Kebab) oder Käse (Paneer Tikka). Schwere Saucengerichte schließen sich an, begleitet von Joghurt (Raita) und Fladenbrot (Naan, Roti, Chapati). Eine besondere Spezialität ist ein richtig zubereitetes Biryani, ein Reisgericht mit Fleischstücken, Rosinen und Nüssen. Und, für Opfer des Chilikultes von Hyderabad besonders wichtig: die Mughlai-Küche würzt schmackhaft, aber nicht scharf. Leider haben Restaurants und Hotels im ganzen Land sich für die Bequemlichkeit einer einheitlichen Fast-Food-Version dieser Küche (Chicken Tikka und Sheekh Kebab allerorten) entschieden, der man beim besten Willen nur schwer entkommen kann.

Natürlich sind viele Inder aus religiöser Überzeugung Vegetarier, wobei es verschiedene Stufen der Radikalität gibt. Die liberalen Vegetarier genehmigen sich Eierspeisen, die strengen Vegetarier hingegen verzichten selbst auf all jene Gemüsesorten, die im Boden wachsen (etwa Zwiebeln und Kartoffeln), weil beim Ernten die Erde so rabiat umgewühlt wird, daß Würmer und andere kleine Tiere getötet werden. Berühmtestes Menü der Vegetarier ist das Thali, eine in unendlich vielen Variationen dargereichte Tafel mit vier bis sechs Speisen in kleinen Schüsseln sowie mehreren Fladenbroten und einem Dessert. Aufgrund der jahrtausendealten Tradition kann die vegetarische Küche Indiens eine solche Vielfalt auffahren, daß man Fleisch kaum vermissen dürfte.

Delhi, die Hauptstadt Indiens, ist eine Metropole, die für jedes Jahrhundert seit Menschengedenken einen eigenen ruinenhaften Abdruck aufweist. Heute hat sie zwei Gesichter, die sich wie ungleiche Brüder unterscheiden – das alte, von den moslemischen Moguln geprägte Delhi, Anfang des 17. Jahrhunderts erbaut, ist ein konzentrierter Anschlag auf die Sinne; das neue Delhi, ab 1911 Hauptstadt von Britisch-Indien, ist ein grandioses Symbol kolonialer Ordnung im neo-klassizistischen Stil. Und doch ist jedes einzelne Gebäude ein richtiger Masala-Mix. Das Grabmal Humayuns, des zweiten Mogulkaisers, vermischt Elemente zentralasiatischer Architektur (etwa die Doppelkuppel) mit Hindu-Motiven. Der Garten verdankt sich einer – aus der islamischen Kultur geläufigen – ausführlichen Ornamentik. Beides sind Beispiele für den geistigen und künstlerischen Dialog, der unter Humayuns Sohn, Akhbar dem Großen, zwischen Moslems und Hindus auf wunderbare Weise gedieh. Nicht nur die erhabenen Bauten von Delhi bezeugen das, sondern auch die Kleidung (etwa das *salwar kameez* und die *pajamas* – etymologische Herkunft der französischen ›chemise‹ und der deutschen ›pyjamas‹). Und wenn man heute an einer Unani-Klinik vorbeikommt, sieht man sich einer traditionellen Heilkunst gegenüber, die ursprünglich aus dem antiken Griechenland stammt und mit den Moslems nach Indien gelangte. Sie wird weiterhin praktiziert, ein Sinnbild der kulturellen Wurzeln, die weit über alle Grenzen hinausreichen.

Das Verhältnis zwischen den vielfältigen Welten des Hinduismus und des Islam war keineswegs nur ein feindliches, wie es viele gegenwärtige Verknappungen darstellen, sondern meist ein inspiriertes gegenseitiges Befruchten. Das Pionierwerk eines Astronomen namens Brahmagupta, *Brahma-sphuta-siddhanta* (›Die genau festgelegte Lehre von Brahma‹, veröffentlicht im Jahre 628 unserer Zeitrechnung), wurde 771 ins Arabische übersetzt und in Bagdad verlegt und beeinflußte maßgeblich die islamische Mathematik und Astronomie, wodurch indirekt dieser Gelehrte aus Rajasthan zu einem der Ahnherren der europäischen Wissenschaft wurde. Auf diesem Weg gelangte auch das indische Zahlen- und Dezimalsystem nach Europa. Der berühmte Mathematiker Alberuni, der aus Zentralasien stammte und mit den allerersten einfallenden islamischen Truppen, jenen von Mahmud von Ghazni, nach Indien kam, schrieb eine Geschichte Indiens, in der er voller Hochachtung eine beachtliche Zahl von Sanskrit-Texten über die Naturwissenschaften, aber auch über Literatur, Philosophie und Religion wiedergab und reflektierte. Anfang des zweiten Jahrtausends widmete sich eine Vielzahl von arabisch schreibenden Gelehrten der indischen Geistestradition. Auf der anderen Seite übersetzten Brahmanen aus der Metropole der Bildung Taxila im Auftrag von Mahmud von Ghazni heilige islamische Texte und erlaubten es sich erstaunlicherweise,

Mohammed als Avatar (wiederholtes Erscheinen eines Gottes auf Erden in unterschiedlicher Form) darzustellen, denn es gibt in Sanskrit keine Entsprechung für Prophet. Diese Einbürgerung des Propheten in die demokratischere Welt der hinduistischen Götter hat sich bis zum heutigen Tag gehalten. Manche Texte der Bohras, einer in Westindien beheimateten Shia-Gemeinde, bezeichnen Mohammed weiterhin als Avatar des Hindu-Gottes Vishnu.

In dem berühmten Film von Richard Attenborough sitzt Gandhi alias Ben Kingsley auf einer Uferbalustrade in seiner Heimatstadt Porbander und erzählt dem amerikanischen Journalisten Walker: »Meine Familie gehörte der Pranami-Sekte an, Hindu natürlich. Aber in unserem Tempel pflegte der Priester aus dem islamischen Koran sowie aus der hinduistischen Gita zu lesen, von dem einen zum anderen wechselnd, so als wäre es bedeutungslos, aus welchem Buch gelesen wird, solange man Gott anbetet.«

In der offiziellen Hagiographie wird diese religiöse Konditionierung Gandhis meist unterschlagen. Es wird herausgestellt, daß er sein Leben lang für das friedliche Zusammenleben der Glaubensgemeinschaften plädierte und die Auffassung vertrat, hinter jedem Kult verberge sich die eine, die einzige göttliche Kraft. Manchmal klingt es so, als habe er diese Toleranz erfunden, dabei steht er in einer langen indischen Tradition der Vermischung zwischen den Religionen. Weit von Gandhis Gujarat entfernt strömt der Ganges durch Nordindien.

Dieser Strom, der die religiösen Vorstellungen der Hindus durchfließt, war zentraler Schauplatz der nunmehr tausendjährigen Geschichte von Konfrontation und Begegnung zwischen Hindus und Moslems. Auf halbem Weg zwischen Quelle und Mündung befindet sich die Millionenstadt Allahabad, offensichtlich benannt nach dem arabischen Wort für Gott. Vor den Toren der Stadt liegt der Sangam, der Zusammenfluß der zwei heiligsten Flüsse des hinduistischen Indiens, des Ganges und des Jamuna. Hier wird alle zwölf Jahre das größte Fest der Menschheit, die Kumbh Mela, gefeiert, wie kein zweites Symbol für die Kraft und Vielfalt des Glaubens. Eines Abends, nach einem ausgiebigen Spaziergang durch die schier endlosen Zeltreihen, lockten mich unerwartete Klänge zu einem offenen Zelt. Etwa zwanzig *Sadhus* saßen auf dem Boden und hörten inbrünstig drei Sängern zu, die von den raspelnden Klängen der Doppeltrommel Tabla und von der Melodiestütze eines Harmoniums begleitet wurden. Einer der Sadhus winkte mir zu, ich möge mich zu ihnen gesellen. Aber, platzte es am Ende des Liedes aus mir heraus, das war doch ein *Qawwali* (eine ekstatische Gesangsform, die von islamischen *Sufis* gepflegt wird). Ja, ja, erwiderten die Sadhus erfreut. Wieso hören Sie Qawwali? Wieso? Die Sadhus waren verwundert. Weil es uns Gott näher bringt! Es war etwa so, als würden Benediktinermönche zum Gebet gelegentlich tantrische Mantras verwenden.

Das Heterodoxe und das Hybride haben in Indien eine lange Tradition. Man könnte behaupten, die wären die herausragenden Merkmale dieses Landes, das ansonsten kaum auf einen Nenner zu bringen ist. Schon der Begriff ›Hinduismus‹, der sich der kolonialen Sprachregelung verdankt – Hindus sind diejenigen, die hinter dem Indus-Fluß leben, eine Nomenklatur, die nicht von den Indern selbst stammen kann –, suggeriert eine zu keiner Zeit existente Einheitlichkeit. Das ›sanatan dharma‹ (das ›ewige Gesetz‹), wie strenge Hindus ihren Glauben nennen, kennt keinen Kanon, keine Linearität. Im Meer geistiger Traditionen existieren die Untiefen alter Opferrituale, dualistische Strömungen und monistische Gegenströmungen, lokale Strudel animistischer Verehrung und hohe Wellen philosophischer Abstraktion. Diese pluralistische Geisteswelt war also wie keine zweite in der Lage, den Islam zu verführen, ihn in eine intime Beziehung zu locken, der allerlei Mischlingskinder entsprangen.

Wie paßt eine derart gelebte religiöse Tradition zu den Behauptungen der hinduistischen Rechten und Ideologen des Kulturkrieges wie etwa V. S. Naipaul, der Islam sei als aggressive, zerstörerische Macht nach Indien einmarschiert und habe das Goldene Zeitalter der hinduistischen Kultur zerstört? Tatsächlich waren die moslemischen Eroberer, seien es Araber, Perser, Türken oder Mongolen, anfänglich brutal wie jede einmarschierende Armee, wie die Hunnen oder Goten, wie die Konquistadoren oder die Wehrmacht. Aber die jeweilige Parteinahme war nicht unbedingt religiös bedingt. Als der Somnath-Tempel im westindischen Gujarat, unweit der Geburtsstadt Gandhis, 1024 von Mahmud von Ghazni zerstört wurde, notierte zwar der

Chronist des Eroberers, daß die Ungläubigen hingestreckt waren »wie ein Teppich auf den Boden, als Speise für wilde Tiere und Vögel«. Doch er verzeichnete nicht den Widerstand der arabischen Händler der Stadt, die sich der Zerstörung widersetzten. Und er vergaß zu erwähnen, daß Söldner aus dem südlichen Indien, allesamt Hindus, auf Ghaznis Seite kämpften. Kaum hatten moslemische Generäle und Sultane ihre Herrschaft etabliert, wandten sie sich dem Pragmatismus einer um Machterhalt und Reichtum bemühten Politik zu. Obwohl sich in den Chroniken immer wieder ein bilderstürmerischer Puritanismus entfaltete, im Alltag wurden religiöse Fragen eklektisch gehandhabt. Viele Herrscher beschäftigten hinduistische Minister und assimilierten die hinduistischen Eliten, solange sie ihnen Treue schworen. Konflikte traten meist dann auf, wenn diese Eliten Widerstand leisteten, einen Aufstand wagten. Da in der hinduistischen Tradition die Tempel oft lokale Macht sakral legitimierten (der Maharaja als Inkarnation des Sonnen- oder Mondgottes etwa, wie in Varanasi), waren sie von überragender politischer Bedeutung und wurden daher als vermeintliche Brutstätten der Meuterei zerstört. Zudem galten gemäß den damaligen Gesetzen alle Sakralbauten als Staatseigentum.

Bei den Moguln vermengten sich manchmal sogar islamische und hinduistische Insignien. Der Statthalter des Mogulkaisers Shah Jahan saß bei dem jährlichen Wagenfest des *Jagannath*-Kultes in Orissa auf einem der reichgeschmückten Triumphwagen, womit er innerhalb des Rituals demonstrierte, daß sich der Kaiser als Schützer und Bewahrer dieser Gottheit verstand.

Die Behauptung eines zivilisatorischen Grabens zwischen Islam und Hinduismus, zuerst von britischen Kolonialhistorikern proklamiert und später von rabiaten Nationalisten auf beiden Seiten fortgeführt, hat sich als *self-fulfilling prophecy* erwiesen. Mit der Teilung des Subkontinents in einen hinduistischen und einen moslemischen Teil wurde ein starrer Status quo etabliert, der wie ein Korsett den Synkretismen in beiden Gesellschaften die Luft abschnürt. Die Zerstörung der Babri-Moschee im nordindischen Ayodhya im Jahre 1992, die einen brutalen Widerhall in Massakern in vielen anderen Städten fand, war der vorläufige Höhepunkt dieser Tendenz. Zwar wurden auch bei dieser Schreckenstat hehre religiöse Argumente ins Feld geführt, doch sie standen im Kontext eines Machtkampfes. Auf dem Höhepunkt der Mogulherrschaft hatte der große Kaiser Akhbar sogar einen eigenen Masala-Glauben unter dem Namen ›Din-e-ilahi‹ entwickelt und mit seiner weitreichenden Toleranz eine der Blütezeiten der indischen Zivilisation ermöglicht. Einige Generationen später wehrte sich einer seiner Nachfolger, der berüchtigte Aurangzeb, gegen den schleichenden Verfall des Reiches, indem er die Differenz zwischen Islam und allen anderen Religionen durch die Einführung einer Steuer für alle Ungläubigen wieder betonte. Die gegenwärtige Dominanz eines feindseligen Kulturverständnisses läßt auf eine tiefsitzende Verunsicherung schließen, die sich durch Konfrontation selbst zu beschwichtigen sucht. In solchen Zeiten geraten die wunderschönen Zeilen des Dichters Amir Khusrau aus dem 12. Jahrhunderts allzuschnell in Vergessenheit: *Manto shudam to man shudir* – Ich bin du, und du bist ich.

Der Kampf gegen die Masala-Tradition wird mit deftigen Argumenten geführt:

Die Moslems, so heißt es, vermehren sich so rapide, daß sie bald die Mehrheit der Bevölkerung stellen werden, eine Prognose, die einer einfachen Kalkulation nicht standhält. Laut amtlichen Angaben beträgt das Wachstum unter Hindus 2,19 Prozent im Jahr, bei den Muslimen hingegen etwa 2,71 Prozent. Bliebe es bei diesem Verhältnis, so würden die Muslime erst in vierhundert Jahren die Hälfte der Bevölkerung ausmachen, und das auch nur, wenn das jetzige Bevölkerungswachstum andauert (ich habe meinen Onkel, Doktor der Mathematik, zu Rate gezogen). Dann würde aber Indien fünf Milliarden Seelen zählen, gewiß ein viel größeres Problem als die Tatsache, daß die Hälfte von ihnen Muslime wären. Aller Wahrscheinlichkeit nach wird Indien, so wie es China vorgemacht hat, in den nächsten fünfzig Jahren seinem Bevölkerungswachstum Einhalt gebieten. In diesem Fall bliebe der Anteil der Moslems etwa bei fünfzehn Prozent.

Die moslemischen Könige haben, so lautet ein weiteres Argument, brutal die Zentren der Hindu-Zivilisation zerstört. Zwar stimmt es, daß eine Reihe von Tempeln zerstört wurde, aber die Übeltäter waren keineswegs ausschließlich Moslems, es war nicht Aurangzeb allein, der gegen hinduistische Tempel und Priester gewütet hatte. Zwischen 1193 and 1210 plünderte der hinduistische Parmar-Herrscher Jain-Tempel in Dabhoi und Cambay. Der bengalische Herrscher Narendragupta-Sasanka zerstörte alle buddhistischen Sakralbauten, die er finden konnte; der kaschmirische König Harsa ließ in seinem ganzen Reich nur vier Idole am Leben. Zudem waren die Zerstörungen oft nichts weiter als Plünderungen, denn in den geheimen Kammern der Tempel wurden große Schätze aufbewahrt.

Bis vor zwanzig Jahren gab es abgesehen von den Liedern, die in jedem Film auftauchten, keine Popmusik in Indien. Millionen summten die Schlager von Komponisten wie C. Ramachandra, Shankar und Jaikishan, Laxmikant, Pyrelal und SD Burman, sangen die Texte auswendig. Der Erfolg eines Filmes hing davon ab, ob die Lieder Gassenhauer wurden, so wie ein Jahrhundert früher in Italien die Arien der populären Opern in die Gassen schwappten. Doch obwohl die Filme in Bombay entstanden und die Lieder auf Hindi oder Urdu gesungen wurden, waren sie das Resultat eines erstaunlichen Masala-Mixes.

Der Sound wurde erzeugt von christlichen Musikern aus Goa, bis 1961 eine portugiesische Kolonie, die als einzige Musik für ein Orchester zu arrangieren wußten. Zudem waren sie mit der Harmonielehre vertraut, ein notwendiges Wissen, das den klassischen indischen Musikern abging. Die Komponisten konnten ihre Musik weder aufschreiben noch für das Orchester, das ihre Lieder aufnehmen würde, instrumentalisieren. Sie kamen ins Studio, sangen die Melodie ihrem goanischen Assistenten vor oder spielten sie auf dem Harmonium vor. Der Assistent notierte die Melodie und fügte später selbständig die Teile für die Streicher, die Bläser, das Klavier und das Schlagzeug hinzu. Er mußte sich zudem Übergänge zwischen den Versen und dem Refrain ausdenken. Und so kam es, daß die Goaner, die abends in den feinen Hotels der Stadt Jazz spielten, sich dieses Schatzes bedienten und bei den Übergängen mal einen Lauf Dixieland, Fado, Ellington, Cha-Cha-Cha oder gar Mozart und Bach einfügten. Um die Lieder aufzupeppen, führten sie Rhythmen aus dem Swing, dem Mambo oder der Salsa ein. Und schließlich fiel es ihnen zu, mit dem Orchester zu proben, das fast ausschließlich aus Goanern bestand, die zudem als einzige in der Lage waren, westliche Instrumente zu spielen.

Wer sich über die Vielfalt Indiens informieren will, kann sich nicht auf ›Radio Mirchi‹ verlassen. Er muß zu Zeitungen greifen.

Die Presselandschaft ist sehr lebendig; neben der berühmten ›Times of India‹ gibt es Hunderte weiterer Tages- und Wochenzeitungen. Die meisten erscheinen auf Marathi, Gujarati, Hindi, Urdu, Telugu oder Tamil und richten sich somit sprachbedingt an eine begrenzte Leserschaft, einen Bruchteil der Gesamtbevölkerung, was im übrigen auch für die englischsprachige Presse gilt, denn laut Schätzungen beherrschen höchstens fünf Prozent der Inder Englisch. Wer auf englisch schreibt, genießt internationales Ansehen und verdient besser, wird aber verdächtigt, nur eine gebildete, verwestlichte Minderheit zu vertreten. Wer hingegen etwa auf Gujarati schreibt, wird zwar außerhalb seiner Region nicht wahrgenommen, vertritt aber vermeintlich die Interessen des einfachen Mannes und repräsentiert somit die wahre Stimme Indiens.

Diese Stimme ist manchmal nicht schön anzuhören. Die ›Editor's Guild‹, eine berufsinterne Kontrollinstanz, beschuldigte vor einigen Jahren in einem offiziellen Bericht vor allem die populären Regionalzeitungen, bei Unruhen zwischen Religionsgemeinschaften regelmäßig »Haß propagiert, zu Gewalt angestiftet und Unruhe geschürt« zu haben. Nur wenige regionale Blätter würden versuchen, die Situation zu entschärfen, indem sie etwa von Beispielen nachbarschaftlichen Zusammenlebens berichteten oder Friedensdemonstrationen unterstützten. Die englischsprachigen Publikationen hingegen setzen einiges daran, die Hintergründe solcher Massaker zu erklären, den Mythos der spontanen Rachefeldzüge von wutentbrannten Mobs zu entlarven, die Mitverantwortung der Polizei und der Verwaltung aufzuzeigen. Selbst ein Boulevardblatt wie ›Mid-Day‹ veröffentlichte angesichts der Pogrome gegen Moslems in Gujarat schockierende Augenzeugenberichte und widmete eine fünfseitige Titelgeschichte den ermutigenden Beispielen von Solidarität und Mitgefühl zwischen Menschen verschiedenen Glaubens. Während aber führende Regierungsmitglieder die regionalen Zeitungen zu ihrer hervorragenden Berichterstattung beglückwünschten, kritisierte der Ministerpräsident die englischsprachige Presse. Er beeilte sich zu versichern, daß die Regierung keineswegs beabsichtige, Zensurmaßnahmen zu ergreifen, er wolle nur zu mehr Selbstkontrolle anregen. Der wahre Grund für seine Abmahnung ist, daß diese ›nationalen Medien‹ bislang noch das traditionell liberale und säkulare Selbstverständnis Indiens verteidigen, das jenen Kräften ein Dorn im Auge ist, die aus der reichen Vielfalt des Hinduismus ein primitives, nationalistisches Zerrbild konstruiert haben.

Doch wenn die Entwicklung der altehrwürdigen ›Times of India‹, mit einer Auflage von knapp zwei Millionen und neun verschiedenen Ausgaben eine der größten englischsprachigen Tageszeitungen der Welt, den Weg weist, muß den Politikern nicht bange sein. Weil die Leserschaft der Zeitung nicht nur gebildet, sondern auch zahlungskräftig ist, fällt es der ›Times of India‹ zunehmend schwer, redaktionelle Beiträge im Blatt unterzubringen. Anzeigen nehmen inzwischen mehr Platz ein als Artikel. Seit etwa fünf Jahren, berichten Redakteure, die ungenannt bleiben möchten, herrsche die Werbeabteilung über die Redaktion. Die Kulturseite sei eingestellt worden, weil sie keine Anzeigen verkaufe. Firmen, über die kritisch berichtet worden sei, dürften in einer Anzeige ihre Sicht der Dinge kundtun. Artikel können sogar in Auftrag gegeben werden: mit tausend Euro ist man dabei. Wenn Profit zur redaktionellen Leitlinie wird, kann es einen nicht erstaunen, daß ein neuer Film von einer Kritikerin gelobt wird, deren Name im Abspann des Films auftaucht. Oder daß ein Klatschkolumnist jenen Whisky hochleben läßt, den er selbst im Lande zu vermarkten sucht. Unter dem Mantel der Korruption versteckt sich zudem nackte Inkompetenz (Artikel werden wiederholt, Agenturmeldungen ohne Sinn gekürzt, Fakten nicht überprüft). Die Inhaber scheinen die Entscheidung getroffen zu haben, die ›Times of India‹, einst Fahnenträgerin eines seriösen Journalismus, in eine gedruckte Version von Radio Rotes Chili umzuwandeln.

Nachdem ich so viel über Gewürze und Mischungen geredet habe, über Chili und andere scharfe Themen, muß dieses Kapitel mit einem Rezept enden. *Dahi* bedeutet Joghurt und *Baigan* Aubergine. Und die Kombination der beiden ist eine Spezialität aus Bengalen. Schneiden Sie zwei bis drei Auberginen in dicke Scheiben (mehr als einen Zentimeter und weniger als zwei Zentimeter breit), reiben Sie diese mit etwas Salz und ein wenig Kurkuma ein, und lassen Sie sie eine Viertelstunde lang liegen. Derweil wäre eine frische Chilischote zu waschen und kleinzuhacken (die Finger sollten während dieser Arbeit den Augen fernbleiben), ein teelöffelgroßes Stück Ingwer zu schälen und fein zu reiben, zwei Tomaten (größer als eine Limone und kleiner als eine Orange) zu waschen und zu vierteln und etwas Senfmehl in eine halbe Tasse lauwarmes Wasser zu geben und durchzumischen.

Nun kann der vergnüglichere Teil beginnen. Erhitzen Sie Sonnenblumen- oder Traubenkernöl in einer tiefen Pfanne oder in einem flachen Topf und braten Sie die Auberginen auf beiden Seiten braun an. Danach müssen sie auf einem Küchenpapier gut abkühlen.

Derweil können Sie eine CD des Duos *Ghazal* auflegen (die Platte namens *Rain* beinhaltet ein sehr geeignetes Stück namens *Fire*). Tröpfeln Sie vier Eßlöffel Senföl in eine Pfanne, und geben Sie, sobald das Öl heiß geworden ist, das zerhackte Chili, noch ein wenig Kurkuma, etwas Kreuzkümmel, etwas Paprika und den Ingwer hinzu. Ich würde das Ganze zwei Minuten lang anbraten, obwohl Krishanu Dasgupta in seinem fünfbändigen Standardwerk über die bengalische Küche eine Minute vorschlägt. Wir sind uns aber völlig einig, daß die Gewürzmischung ständig umzurühren ist. Nun fügen Sie bitte die Tomaten hinzu und lassen das Ganze noch eine kleine Weile weiterbrutzeln. Viel bleibt nicht mehr zu tun, außer Vollmilchjoghurt (0,2 Liter) und Wasser (0,2 Liter) hinzuzufügen und alles zusammen aufkochen zu lassen.

Die Senfpaste, die Auberginen und Salz in Maßen und mit Geschmack einrühren und das vollendete Ganze bei schwacher Hitze fünf oder sechs Minuten ziehen lassen. Unmittelbar vor dem Servieren mit einem charmanten Rest Senföl betröpfeln. Meinen Berechnungen nach müßten die Sitar- und Kamantche-Klänge von *Ghazal* gerade zu Ende gegangen sein, so daß Sie Gelegenheit haben, Ihre Gäste zu fragen, ob sie nicht lieber Mozart hören möchten.

6. Tamasha

Tamasha (Marathi, »populäres Drama«): 1. Derb-erotische Form des indischen Volkstheaters mit Ursprüngen im Maharashtra Anfang des 18. Jahrhunderts. 2. Umgangssprachlich: Skandal, Trubel, wirres Durcheinander, lärmendes Treiben voller Aufregung und Streit.

Tamasha steht am Anfang, und mit Tamasha geht alles zu Ende. Als die Welt erschaffen wurde, versammelten sich die Götter und die Dämonen zu einem kosmischen Tamasha, sie quirlten mit geeinten Kräften – eine Fraktion allein hätte es nicht geschafft – den Milchozean, bis sie neun Schätze aus diesem Urmeer geborgen und den Nektar der Unsterblichkeit gewonnen hatten. Und wenn es wieder einmal an der Zeit sein wird, das Universum auszulöschen – Pralaya heißt dieser finale Akt –, wird es auf Erden heftigst toben und taumeln, bis schließlich Shiva in Form des furchterregenden *Bhola Baba* auf den Trümmern des Universums einen letzten *Kathak* tanzt – jedes Auftreten ein Erdbeben, das Gegenteil von Ballett. Erst dann wird Ruhe einkehren, die einzige tamasha-freie Zeit, die es in Indien je geben kann, dieses Intermezzo von einigen Millionen Jahren, in denen Brahma, der in Schöpfungsfragen die alleinige Kompetenz besitzt, rastet (womit die dringliche theologische Frage beantwortet wäre, wann Gott zu Kräften kommt), und wenn er ausgeschlafen hat, wird er eine neue Welt erschaffen, und es wird wieder Tamasha sein.

Da Schöpfung und Weltuntergang reinstes Tamasha sind, können die Feste zu Ehren der Götter nicht turbulent genug ausfallen. Das Frühjahrsfest *Holi* ist vielen städtischen Indern ein Graus. Sie trauen sich nicht aus dem Haus. Gruppen junger Männer bewerfen alles, was sich bewegt, mit chemischen Farben, die sich nicht abwaschen lassen. Bei dem ersten Holi, das ich in Bombay erlebte, schlich sich jemand von hinten an mich heran und warf mir rote Farbe ins Gesicht, der Puder flog mir in die Augen, und das Brennen dauerte noch Stunden später an. Oder es werden Beutel mit Wasser gefüllt und von den Balkonen auf Passanten geworfen – ich wurde vor dem Eingang zu dem Gebäude, in dem ich lebte, unter Beschuß genommen. Wie einst in der Schule beim Völkerball mußte ich behende aus der Schußlinie hüpfen. Regelmäßig kommt es bei Tamasha zu schweren Verletzungen, jedes Jahr verliert jemand ein Auge. Die Feste sind zudem, bei aller Ausgelassenheit, ein ökologisches Desaster. Fünfzig- bis sechzigtausend Bäume werden jährlich gefällt für die großen Feuer, die am Vorabend von Holi in den Vorhöfen der Tempel angezündet werden. Und der Elefantengott Ganesh, der am Ende des zehntägigen Festes in Flüssen, Seen und im Ozean versenkt wird, um sich in der Unermeßlichkeit des Fließenden aufzulösen, verunreinigt wegen der Ölfarben, mit denen sein gipserner Körper bemalt ist, die Gewässer.

Die Turbulenzen – das Getöse, der Trubel, das Chaos –, die jedes Fest in Indien beseelen, mögen manchen Besuchern als Mangel an spiritueller Ernsthaftigkeit erscheinen, doch in Wirklichkeit sind sie nicht nur ein Ausdruck von Lebensfreude, sondern auch theologisch folgerichtig. Getreu dem Motto: Was den Göttern recht ist, darf den Menschen billig sein. Das Vollmondfest *Kartik Poornima* ist ein gutes Beispiel. Es wird im November gefeiert, vier Tage nach dem Erwachen der Götter aus ihrem viermonatigen Sommerschlaf (ja, auch die Götter müssen sich zwischendurch ausruhen). Hunderttausende Pilger aus dem ganzen Land strömen nach Pushkar in Rajasthan und reinigen sich in dem winzigen See des Städtchens von ihren Sünden. Gleichzeitig findet die *Pushkar Mela* statt, die größte Kamelmesse der Welt. Auf weitläufigen Dünen campieren Viehhüter mit ihren Tieren. Sie bilden einen gewaltigen Marktplatz, auf dem von Sonnenaufgang bis in die Nacht hinein eifrig gehandelt wird. Mal werden die Kamele, die meist in kleinen Gruppen zusammenstehen, zur Tränke geführt, mal gefüttert, ansonsten liegen oder sitzen die

Männer im Schatten der Buckel, rauchen, trinken süßen Milchtee und werfen nebensächlich ihre Angebote auf den Sand. Am Ende der Mela zieht das Kamel mit einem neuen Herrn weiter.

Daneben scheppern überforderte Lautsprecher um die Wette, drehen sich rostige Riesenräder, flimmern visionäre Roboter, tanzen ungelenke Transsexuelle zu zerkratzten Rhythmen. Fliegende Händler, Barbiere, Quacksalber, Kamelschmuckjuweliere und wandernde Sänger vervollständigen das Bild. Und mittendrin stolpert man zwischen Ständen und Lautsprechern über einen Schlafenden. Pushkar im November ist ein lauter und etwas unübersichtlicher Schnellkurs in Sachen Tamasha. Das Profane vermischt sich mit dem Heiligen, das Urzeitliche mit dem Modernen, die Stille mit der Kakophonie. Bei Vollmond nehmen die Gläubigen zum günstigsten aller Zeitpunkte ihre rituellen Waschungen vor. Wenn die Farben sich zurückziehen, schimmert der See wie ein unergründliches Versprechen, läuft über einer riesigen Leuchttafel weiterhin eine rote Neonschrift, die alle auffordert, den See nicht zu verschmutzen. Ein administratives Wort in Gottes Ohr, das auf blinde Pilgeraugen fällt.

Es gibt wenige Sachen, die man in seinem Leben unbedingt gemacht haben sollte: etwa einen Baum pflanzen, einen Berg besteigen, einer alten Frau über die Straße helfen. Und: in einem Bollywood-Film mitspielen. Auch wenn man – so wie ich – gezwungen wird, einen Nazi-Botschafter mit abscheulichem teutonischen

Akzent zu mimen. Trotzdem, es war ein Erlebnis, in einen alten Anzug zu schlüpfen, die Haare auf Seitenscheitel gebürstet und glatt gegelt, und in einem brütend heißen Studio mit dem Hauptdarsteller eine Szene zu spielen, die 1942 in Kabul spielen sollte. Es war aufregend, von dem legendären Regisseur Shyam Benegal in Szene gesetzt zu werden, in einer ehemaligen Villa auf einem Hügel im Norden Bombays, von emsigen Hundertschaften bedient, während wir die kurze Szene Mal um Mal wiederholten, so als seien die Kameras begriffsstutzige Schüler. Vor allem aber war es erregend, einmal die Innenwelt von Bollywood kennenzulernen, der bedeutendsten Mythenfabrik der östlichen Hemisphäre. Nirgendwo sonst wird Tamasha so konsequent und perfekt inszeniert wie in der Filmindustrie Bombays.

Ja, man könnte sich zu der Aussage versteigen, der enorme Erfolg der Bollywood-Filme hänge mit dem Urvertrauen der Verantwortlichen in das poetologische Prinzip von Tamasha zusammen. Bollywood glaubt tatsächlich an die althergebrachte Vielfalt an Formen, die sich bis auf das ›Natyashastra‹ zurückverfolgen läßt, jenes klassische Sanskrit-Handbuch des Dramas, in dem Tänze und Lieder und Klamauk als essentieller Teil jeder Erzählung vorgeschrieben werden – eine Mischung aus Richard Wagner und Hape Kerkeling mit einem Schuß Kessler-Zwillinge. Diese Einschübe funktionieren als lyrische beziehungsweise komische Ebene, auf der die Spannung der Handlung eingefroren wird, um danach um so intensiver wahrgenommen zu werden – wie ein Sorbet zwischen den Gängen. Auch das populäre Theater, vor allem natürlich jenes Vaudeville mit dem uns nunmehr wohlvertrauten Namen ›Tamasha‹ operiert ähnlich mit den altbewährten Mitteln. In diesem burlesk-satirischen Singspiel findet sich das Nebeneinander von Erhabenem und Profanem, Delikatem und Vulgärem, das den Charakter der Bollywood-Filme ausmacht.

Das Tamasha-Theater des 19. Jahrhunderts war in mancherlei Hinsicht bahnbrechend. Während im indischen Volkstheater bis dahin alle Hauptrollen von Männern bekleidet worden waren, wurden im Tamasha die weiblichen Rollen von Frauen gespielt. Ursprünglich dienten diese deftigen Musicals als Unterhaltung für die Truppen, anspruchsvollere Varianten jener Playboy-Shows, mit denen die amerikanischen GIs in Vietnam auf den Kampfeinsatz am nächsten Tag eingestimmt wurden. Im Laufe der Zeit verbürgerlichten sich die Spielgruppen – Anfang des 20. Jahrhundert erzielten sie ihre größten kommerziellen Erfolge, bevor sie von den nachahmenden Lichtspielen des Kinos in den Schatten gestellt wurden.

Bollywood war von Anfang an epigonal, es hat sich seit jeher konsequent des enormen Schatzes klassischer indischer Kultur bedient. Es hat *Bhajans* und *Qawwali* (hinduistische beziehungsweise moslemische religiöse Gesänge) verpoppt, Volkstänze aufgemotzt, die unzähligen Tempel und Paläste des Landes als märchenhafte Kulisse benutzt. Selbst die Erzählweisen haben sich seit dem ›Natyashastra‹ kaum geändert. Weiterhin grundiert das Unwahrscheinliche jeden Film. Die Drehbuchautoren Bollywoods arbeiten mit dem Zufall so wie Kameramänner mit dem Licht. So ist eine Kunstwelt entstanden, die helle Vergangenheit, heilige Ewigkeit und heile Gegenwart zur allgemeinen Zufriedenheit verknüpft – ein sakrales Kabarett.

Es wäre jedoch ein Fehler zu folgern, das Tamasha Bollywoods kenne keine Grenzen, keine Tabus. Selbst aufwendige, hochstilisierte Produktionen beginnen mit einer Verbeugung vor der Gottheit, einer Statue von Saraswati (Schutzgöttin der Künste) oder Ganesh. Innerhalb der Familien im Film herrscht ewige Liebe und große Herzlichkeit. Und trotz aller feurigen Sinnlichkeit – enge Wickelkleider, die zudem gelegentlich durchnäßt werden –, die Atmosphäre ist von aseptischer Züchtigkeit, und Sex wird nur angedeutet. Die Entblößungen und Mundküsse, mit denen sich die Sexbombe Mallika Sherawat in den letzten Jahren einen Skandalnamen gemacht hat, bestätigen nur die Regel.

Und doch produziert Bollywood nicht nur alte Hüte. Die technische Ausstattung hat in den letzten Jahren zum westlichen Niveau aufgeschlossen, aufwendige Spezialeffekte sind mittlerweile selbstverständlich, und vor kurzem kam sogar der erste Science-Fiction-Film Bollywoods heraus, *Kol Mi Gaya*. (Ich war eingeladen, einen NASA-Wissenschaftler zu spielen, mußte aber wegen meiner bevorstehenden Hadsch absagen.) Die größte Veränderung ist jedoch hinsichtlich der Wahl der Schauplätze erfolgt. Die aktuellen Schmachtschinken erweisen der Globalisierung Referenz. Wurden früher höchstens einige Tanzsequenzen an exotischen Orten außerhalb Indiens gedreht, werden ferne Schauplätze neuerdings in die Handlung eingebaut, so etwa Kapstadt in *Dil Ka Rishta*. Gelegentlich hapert es allerdings noch an geographischen Kenntnissen – in *Hum Dil De Chuke Sanam* wurde Budapest in Italien angesiedelt, sehr zum Leidwesen der ungarischen Tourismusfunktionäre, die auf einen Besucherboom aus Indien gehofft hatten. Der Trendsetter in dieser Hinsicht war *Kaho Na Pyaar Hee* (Regie: Rakesh Roshan, Musik: Rajesh Roshan, Hauptdarsteller: Hrithek Roshan – es bleibt in der Familie), der unter Jugendlichen gerade wegen der unverbrauchten Originalschauplätze zu einem enormen Erfolg wurde: Thailand und Neuseeland. Nach einem kurzen Vorspiel in Indien tuckert das junge Pärchen, das noch nicht zueinander gefunden hat, auf einem Kreuzfahrtschiff zwischen idyllischen thailändischen Inseln herum. Held und Heldin verstecken sich bei einer Party angetrunken in einem der Rettungsboote. Als sie aufwachen, befinden sie sich auf hoher See, allein in ihrem kleinen Boot. Wenig später werden sie an den Strand von Krabi angeschwemmt und nach einem Tag der streitvollen Annäherung von dem Vater der jungen Frau per Schnellboot gerettet – natürlich haben sie weder Durst empfunden noch einen Sonnenbrand erlitten. Die Geschichte ist reine Kulisse, denn die wunderschöne tropische Kulisse steht im Mittelpunkt.

Die Torte, die dieser Jahre in Bollywood gebacken wird, kennt drei Patissiers: Karan Johar (der Mann für den

Teig), Sanjay Leela Bhansali (Schaumschläger) und Ram Gopal Verma (Rosinenlieferant). Karan Johar, der Regisseur mit dem kindlichen Gesicht und den weiblichen Gesten, hat das unmögliche Kunststück vollbracht, das Melodram noch weiter zu sentimentalisieren. In seinen drei Megahits (*Kuch Huch Hota Hee*, *Kabhi Kushi Kabhie Gham* und *Kal Ho Naa Ho*) verknüpft er reaktionäre Inhalte mit schickem Ambiente und internationalem Lifestyle. Seit *Kuch Huch Hota Hee* (frei übersetzt: ›Liebe liegt in der Luft‹) wird in Bollywood das amerikanische College nach Indien verpflanzt und ein verklärtes universitäres Leben zelebriert. In diesem College tragen die Mädchen Miniröcke anstatt Saris, und die Jungs spielen Basketball anstelle von Kricket. Von den Fußböden könnte man essen, und die Kids bedienen sich eines coolen Slangs, der erst erfunden werden mußte. Dieses fiktive College bietet den jugendlichen Zuschauern aus der aufstrebenden städtischen Mittelklasse ein parfümiertes Konzentrat ihrer Sehnsüchte. Die Konsumansprüche haben sich verfeinert. Folgerichtig strahlt die Stadt noch heller als früher: Das städtische Leben ist Inbegriff von Lifestyle. Einziges Verbindungsstück zu der dörflichen Welt von einst ist die Moral der Geschichten. In *Kabhi Kushi Kabhie Gham* (›Mal glücklich, mal traurig‹) wird die bedingungslose Niederwerfung vor dem Patriarchen zelebriert, obwohl dieser im Unrecht ist und sich bis kurz vor dem Happy End selbstgerecht uneinsichtig gibt. Traditionelle Familienwerte werden hochgehalten, ungeachtet dessen, wie sehr sie der Handlungslogik und dem sozialen Kontext widersprechen. Offensichtlich gelten sie als einziger gemeinsamer Nenner von Stadt und Dorf, Inland und Ausland.

Sanjay Leela Bhansali (*Hum Dil De Chuke Sanam*, *Devdas*, *Black*) ist ein Meister der radikalen Ästhetisierung. Der Regisseur überzeichnet sogar das Elend seiner eigenen Kindheit, um den Götzendienst an der reinen Schönheit autobiographisch zu legitimieren. Ob in einem Palast in Rajasthan, in einer Stadtvilla in Kalkutta oder in einem Chalet im Himalaja, das opulente – und kostspielige – Dekor seiner Produktionen überwältigt das Auge. Sein jüngster Erfolg *Black* entdeckt einerseits thematisches Neuland (Taubstummheit sowie Alzheimer), wird aber andererseits aufgeblättert wie ein Postkartenalbum. Jede Szene, ja jede Einstellung ist manieristisch hochstilisiert, als handele es sich um einen Schwanengesang an Licht, Farbe und Form. Bhansali hat eigenhändig die Belle Epoque in Bollywood etabliert. Um althergebrachte Moral schert er sich dabei weniger als sein Kollege Johar. In *Hum Dil De Chuke Sanam* (›Ich habe mein Herz schon vergeben‹) reist ein jungvermähltes Paar nach Italien, um den Mann zu suchen, in den die Frau verliebt ist (es handelt sich, wie man unschwer erkennt, um einen selten verständnisvollen Ehemann).

Ram Gopal Verma ist das enfant terrible des Augenblicks, unter anderem dafür berüchtigt, daß er die Schauspieler schlechter behandelt als Sklaven (und ihnen folgerichtig das Honorar schuldig bleibt). Seine Produktionsfirma ›The Factory‹ hat die einst mächtige Studiotradition zu neuem Leben erweckt. Und als

Regisseur dreht er seriöse, überzeugende Filme, ohne die Rahmenbedingungen Bollywoods in Frage zu stellen. Mit *Company* hat er ein indisches Äquivalent des Mafia-Films gedreht, ein düsteres, schmutziges, erotisches und cooles Porträt der Banden, die die Unterwelt Bombays kontrollieren. *Company* beginnt mit einer Sequenz körniger, rasant geschnittener Aufnahmen, unterlegt von einer Stimme, die aus dem Off kommentiert: »Whatever you say, everything one does in life is for profit. This business is done for profit, too. Without paying taxes or keeping accounts. Because this business is run on fear. Not paperwork.« Im Gegensatz zu den meisten seiner Kollegen legt Verma Wert auf das Drehbuch und auf überzeugende Dialoge. Immer wieder überraschen Sätze wie »No one can make it to the top by the right way«, deftige Sprüche, wie man sie aus den besten amerikanischen Milieufilmen kennt: »If you had the gun in your hand, would you share with me?« *Company* ist in einem real existierenden Bombay angesiedelt. Die gut gezeichneten Charaktere fahren tatsächlich mit dem Vorortzug, und die Szene ist tatsächlich in einem Zug gedreht. Die Polizei ist brutal und korrupt. Schon sein vorangegangenes Werk *Sattya*, der wohl erste erfolgreiche Film noir in Bollywood, zeigte die ganze Widersprüchlichkeit Bombays, das Grauen sowie die Hoffnung, die Brutalitäten ebenso wie die Zärtlichkeiten. Doch auch Verma hat nicht sosehr den Realismus nach Bollywood gebracht, sondern der Romantik einen drohenden Ton verliehen.

Keiner dieser Filme versucht zu maskieren, daß es

sich um reine Kunstprodukte handelt, die ihre eigene Realität konstruieren. Wie irrelevant die Regeln der Wirklichkeit sind, kann man daran ermessen, daß der Held beim Billardspielen mal eine halbe, mal eine volle Kugel einlocht. Oder daß die Heldinnen mitten am Tag eine Disco aufsuchen. Dies zu bekritteln wäre genauso unsinnig, wie bei einer Oper zu bemängeln, daß Sterbende nicht lauthals singen. Die wenigen Filme, die sich um Logik und Stimmigkeit bemühen, fallen dagegen ab, weil sie die fröhliche Ausgelassenheit des Tamasha, des weltvergessenen Spiels mit Farben und Formen, vermissen lassen. Aufgrund der einfachen Struktur und des Mangels an befremdlichen Realitäten läßt sich Bollywood hervorragend in die ganze Welt exportieren, in andere asiatische Länder, nach Afrika und neuerdings auch in die Länder der westlichen Skepsis. Diese Melodramen sind hemmungslos sentimental und theatralisch, sie bedienen die Vergnügungssucht des Publikums, ohne sich dafür zu rechtfertigen oder zu entschuldigen. Und darin sind sie den selbstreflektierten Werken aus anderen Kulturkreisen überlegen.

Doch die wachsende Mittelklasse des Landes läßt sich von diesem Perpetuum mobile der Unterhaltung nicht mehr so leicht zufriedenstellen. Die vielen privaten Fernsehgesellschaften, die in den letzten Jahren auf Sendung gegangen sind, verbreiten nicht nur die amerikanische Konsumwelt in alle Ecken und Enden des Landes, sondern führen auch alternative Erzählformen ein. Der indische Zuschauer kann die eigenen Krimis mit ihren schmuddeligen Kulissen, den schmierigen Polizisten, schießwütigen Räubern und erniedrigten Frauen mit den schicken Thrillern aus Hollywood vergleichen. Die heimische Produktion zieht dabei oft den kürzeren. Auch sind die kulturellen Erfahrungen dieser Mittelschicht angesichts der Öffnung der Wirtschaft und der wachsenden Mobilität innerhalb der Gesellschaft vielfältiger geworden. Die Selbstbezogenheit der sozialistischen Ära von Nehru und Indira Gandhi ist einem Hunger nach Neuem gewichen. Hollywood-Streifen laufen inzwischen nicht nur in den größten Kinosälen Bombays, sie werden gelegentlich sogar synchronisiert – ein Novum. Die großen multinationalen Vertriebsgesellschaften investieren beachtliche Budgets in das Marketing von Blockbustern.

Bollywood hat auf diese Bedrohung mit Nachahmung reagiert. *Mohabattein* orientierte sich an *Dead Poets Society*, (›Der Club der toten Dichter‹). *Pretty Woman* hat eine unwürdige Kopie in *Chori Chori, Chupke Chupke* gefunden, und *Step Mom* wurde zu einem Karamel namens *Dil Kya Kare* zusammengekocht. Zudem werden ungeniert Actionszenen aus Filmen wie *Indiana Jones* oder *Lethal Weapon* nachgestellt. Kein Zufall, daß der mit Abstand populärste Film der letzten Jahre, *Lagaan*, eine originelle, typisch indische Geschichte erzählt, von einer Dorfmannschaft, die sich im Kricket mit den allmächtigen britischen Kolonialherren mißt. Ein etwa einstündiges Kricketmatch als Höhepunkt von *Lagaan* dürfte jedoch die Chancen dieses Films auf den Oscar für den besten fremdsprachigen

Film bei den Academy-Mitgliedern in Los Angeles erheblich geschmälert haben.

Trotzdem: Indien bleibt das mit Abstand größte Filmland der Welt. 2005 wurden sage und schreibe eintausendeinundvierzig Filme gedreht. Die Filmindustrie in Hyderabad, die in der Telugu-Sprache dreht – einer Sprache, die von knapp hundert Millionen Menschen verstanden wird – und daher neuerdings Tollywood genannt wird, hat im Jahre 2005 zweihundertachtundsechzig Filme produziert (im Vergleich zu zweihundertfünfundvierzig in Hindi). An dritter Stelle rangiert die Produktion in Tamil mit immerhin hundertsechsunddreißig Filmen. Und selbst in der vergleichsweise kleinen Sprache Bhojpuri wurden vierzig Filme gedreht.

Unzählige Todesdrohungen hatte sie erhalten, viele Male war sie in Lebensgefahr gewesen, doch das brutale Ende ereilte Phulan Devi, als sie eigentlich hätte geschützt sein sollen. Die Abgeordnete, aus dem Parlament zur Mittagspause heimgekehrt, wurde am Gartentor ihres Hauses von zwei maskierten Attentätern aus nächster Nähe erschossen. Ein einsamer Polizist auf Wache, selber schwer verletzt, konnte nur die Rückscheibe des davonbrausenden Fluchtwagens treffen. Der Mord geschah nicht nur am hellichten Tage, sondern auch mitten im Machtzentrum der Hauptstadt Neu-Delhi, zweihundert Meter von der nächsten Polizeistation und gerade einmal einen Kilometer von der Volksversammlung entfernt. Am Tag nach dem Mord, als die Leiche von Phulan Devi nach Mirzapur transportiert wurde, um am Ufer des Ganges kremiert zu werden, sprachen die Zeitungen von »Ironie des Schicksals« oder von »poetischer Gerechtigkeit«. Denn es war keine zwanzig Jahre her, da war Phulan Devi, apostrophiert als »Bandit Queen«, die meistgesuchte Gesetzlose des Landes, und es war keine zehn Jahre her, da saß sie im Gefängnis von Gwalior, als Häftling ohne Prozeß und Zukunft. Und keiner in Indien hat vergessen, wie gewaltsam Phulan Devi das erste Mal in die Öffentlichkeit trat.

Geboren am Tag des Blumenfestes – ihr Name bedeutet ›Göttin der Blumen‹ –, war Phulan Devis Leben von früh auf bar jeder Zärtlichkeit und Schönheit. Als Kind von Eltern aus der Kaste der Mallahs (Bootsleute) gehörte sie zu den Unberührbaren, die sich selbst lieber Dalits nennen, »gebrochene Menschen«. Trotz der egalitären indischen Verfassung erleiden diese Menschen, auf dem ganzen Subkontinent auf etwa hundertsechzig Millionen geschätzt, weiterhin tägliche Unterdrückung, Erniedrigung und Ausbeutung. Gerade in den nordindischen Provinzen des ›cow belt‹ (wortwörtlich: Kuhstreifen) verharren sie in jahrhundertealten Abhängigkeiten von den Höherkastigen, in dieser Region ›Thakurs‹ genannt. Zudem war Phulan Devi als Mädchen in dieser Gesellschaft doppelt gestraft: wegen der obligatorischen Mitgift eine Last für die eigene Familie, stand ihr ein Leben als Gebärerin und Arbeitstier bevor. Doch es sollte sie noch schlimmer treffen. Als sie zehn Jahre alt war, verschacherte sie ihr Vater an einen vierzigjährigen Witwer gegen ein Stück

Land und eine Kuh, und schon bald darauf wurde sie von ihrem Mann mißhandelt und vergewaltigt. Später verstieß er sie, und sie kehrte zu ihren Eltern zurück, in einem abgelegenen Dorf wie dem ihren nicht nur eine Schande, sondern auch eine Stigmatisierung, die dazu führte, daß Phulan Devi von nun an Freiwild war für die Gelüste höherkastiger Männer und korrupter Polizisten. Es folgte eine Zeit weiterer Vergewaltigungen. Anstatt aber stillschweigend zu leiden oder sich gar – wie viele andere Frauen – umzubringen, rebellierte diese ungewöhnliche Frau. »Ich schwor zur Göttin Durga«, schrieb sie in ihrer Autobiographie, »daß er (der Ehemann) für den Schmerz, den er mir zugefügt hatte, zahlen würde. Ich schwor, daß ich nicht ein Leben lang hinter verschlossenen Türen im Dunkeln kauern oder auf dem Bauch liegend vor diesem Mann kriechen würde [...] also nahm ich mir vor zu überleben, um eines Tages Rache zu üben.«

Sie schloß sich einer Gruppe sogenannter ›dacoits‹ an, ein aus dem Hindi stammendes Wort (dakait), das in die englische Sprache eingegangen ist und seit der Kolonialzeit jene Banditen bezeichnet, die in den abgelegeneren Teilen Indiens zahlreich anzutreffen sind. Sie hauste in den wilden Tälern des Chambal-Flusses und führte bald eine eigene Gruppe zu Raubzügen gegen wohlhabende Höfe. Der Tag der Rache sollte bei einem der Überfälle kommen. Als die noch minderjährige Phulan Devi in einem Dorf einige ihrer Vergewaltiger wiedererkannte, ließ sie zweiundzwanzig Männer aus der Thakur-Kaste niederschießen.

Von nun an war sie eine Berühmtheit, eine bald mythische Kultfigur, um die sich die wildesten Legenden rankten. Die Regierung und die Polizei unternahmen enorme Anstrengungen, sie zu fangen. Nach vielen vergeblichen Versuchen gab die Premierministerin Indira Gandhi die Devise aus, wenn nicht anders möglich einen Handel mit der Banditin einzugehen. Phulan Devi ergab sich schließlich 1983, vor einem Porträt von Mahatma Gandhi und einem Bild der Göttin Durga (der weiblichen Verkörperung von Macht und Gewalt), nachdem sie eine Vereinbarung ausgehandelt hatte, die sie vor der Todesstrafe bewahrte und ihre Familie sozial absicherte.

Entgegen der Vereinbarung wurde sie jedoch nicht vor einem ordentlichen Gericht angeklagt, sondern verbrachte elf Jahre auf Weisung der Regierung im Gefängnis, wo der letzte Akt ihrer Mißhandlung geschah: Als sie eines Tages wegen Unterleibsblutungen ins Hospital eingeliefert wurde, entfernte der Gefängnisarzt ohne ihr Einverständnis die Gebärmutter. Auf die Frage ihrer Biographin Mala Sen nach dem Grund hat der Arzt bösartig gelacht: »Wir wollen doch nicht, daß sie weitere Phulan Devis gebärt.«

1994 wurde Phulan Devi freigelassen, weil sie, so munkelt man, mit dem damaligen Ministerpräsidenten des Bundesstaates Uttar Pradesh, Mulayam Singh Yadav, einen faustischen Handel eingegangen war. Kurz darauf stieg sie in die Politik ein und sorgte dafür, daß die Samajwadi-Partei dieses Politikers die Stimmen vieler Dalits erhielt. Sie zog als Parlamentarierin nach Neu-

Delhi. Doch die politische Bilanz von Phulan Devi fiel erstaunlich mager aus. Zwar sprach sie im Parlament mehrfach eindringlich von dem Leid der einfachen Menschen, aber ihr Wirken blieb ohne sichtbare Resultate. Die Journalistin Kalpana Sharma erzählte mir einmal, wie die völlig überforderte Phulan Devi bei einer Konferenz durch die Hallen herumgeirrt sei und, wenn angesprochen, nichts zu sagen hatte. Sie war eher eine Ikone denn eine Macherin.

Ihre Ikonisierung erreichte den Höhepunkt mit dem Film ›Bandit Queen‹ von Shakar Kapur, dem nach dem internationalen Erfolg dieses Streifens eine internationale Karriere glückte. Der Film war in Indien sehr umstritten, nicht nur wegen der Vergewaltigungsszenen, sondern auch weil sich einige führende Intellektuelle wie etwa Arundhati Roy gegen die Verfälschung und Ausbeutung von Phulan Devis Leben zur Wehr setzten. Bevor der Konflikt gerichtlich entschieden wurde, einigte sich Phulan Devi mit der Produktionsfirma auf eine Entschädigung von angeblich vierzigtausend britischen Pfund.

So bleibt das Tragische an Phulan Devis Leben, daß auch sie, die als Rebellin den Weg des radikalsten Widerstandes gegangen ist, letztendlich von dem ihr verhaßten System vereinnahmt wurde. Als Frau in einer unglücklichen Ehe gefangen, als Politikerin in undurchschaubare Abmachungen verstrickt, als Privatperson in diverse, wenig schmeichelhafte Geschäfte verwickelt und als Legende von allen möglichen öffentlichen Parasiten ausgenutzt, war sie sowenig Herrin ihres eigenen

Lebens wie in ihrer Jugend, als sie mißhandelt wurde. In Freiheit lebte sie nur während der vier Jahre als Gesetzlose.

7. Artha

Artha (Sanskrit, »das, wonach jeder strebt«): 1. Eine Bedeutung von Artha ist ›Bedeutung‹. 2. Der Drang nach Wohlstand, eines der vier traditionellen Ziele des Lebens. Dem Diesseitigen völlig zugetan, reiner Materialismus, verdiene Geld, und lasse es dir gutgehen, in der zweiten von vier Lebensphasen, jener des Haushaltens. 3. Die Wissenschaft der Staatsgeschäfte, der Erhalt der sozialen Ordnung.

Die Globalisierung hat Mythen durch Zahlen ersetzt.

»Ich habe auf dem Flug nachgedacht«, sagt der chinesische Geschäftsmann, Mr. Lee, gleich nach seiner Ankunft in Lucknow. »Über Ihr Land, ich glaube, eine Milliarde Einwohner, oder, Mr. Sutwala?«

Der Firmeninhaber aus Hongkong dehnt die Vokale so sehr, daß es seinem indischen Partner weh tut.

»Und so viel Industrie, so viele Städte. Wir haben eine lichte Zukunft vor uns, Mr. Sutwala. Stellen Sie sich vor, wenn eine Firma wie unsere nur jeden tausendsten Inder erreichen könnte, bescheidene 0,1 Prozent, dann hat sie zehn Millionen neue Kunden gewonnen. Was für ein Markt, was für eine Zukunft!«

Gopal Sutwala schweigt und grinst in sich hinein. Er wird die Umstände für sich sprechen lassen.

»Wie weit ist es denn nach Kanpur?« fragt Mr. Lee.

»So etwa achtzig Kilometer«, antwortet Gopal Sutwala.

»Na, dann sind wir ja gleich da.«

Sein Besuch starrt lange zum Fenster hinaus, auf die flache nordindische Landschaft, verhangen von dem staubigen Dunst der heißen Jahreszeit, bevor er wieder eine Frage stellt.

»Von woher werden eigentlich all diese LKWs importiert?«

»Sie werden in Indien hergestellt.«

»Und die Autos?«

»Auch in Indien.«

»Und die Motorräder?«

»In Indien.«

»Und die Fahrräder?«

»Indien.«

Nach zweistündiger Fahrtzeit ist Kanpur zwar immer noch nicht in Sicht, dafür hat Mr. Lee eine Reihe von Schlaglöchern erleiden müssen und aus dem klimatisierten Inneren des Wagens heraus jede Menge Hindernisse erblickt, Zeichen permanenter Unfertigkeit. Er versinkt in Grübelei, aus der ihn erst die Ankunft vor einem schicken neuen Hotel in Kanpur herausreißt. Bevor er aussteigt, wendet sich Mr. Lee an seinen indischen Geschäftspartner.

»Wenn ihr alles selbst produzieren könnt, wieso seid ihr immer noch so arm?«

Wohlstand ist wichtig. Nicht nur im Leben. Auch in der Mythologie, in der Philosophie, in den Ritualen und Bräuchen. Das bedeutendste altindische Epos, die ›Mahabharata‹ (›Das große indische Buch‹), verankert Reichtum inmitten der menschlichen Existenz, und zu Diwali, dem hinduistischen Jahreswechsel, werden die Bilanzbücher der Firmen mit einem eigenen Ritus gesegnet.

Die spirituelle Legitimierung von Wohlstand wird damit begründet, daß es nur sehr wenigen außergewöhnlichen Menschen gelingt, *Moksha* direkt zu erreichen, die Erlösung von den Fesseln des Lebens und der Wiedergeburt, der Rest der Menschheit muß hingegen zunächst materiell abgesichert sein, um sich auf die Suche nach spiritueller Erhöhung begeben zu können.

Das vorbildliche Leben wird in vier Phasen aufgeteilt. Auf den Abschnitt der *Brahmacharya Ashrama*, der Jahre des Lernens, folgt die Phase der *Gruhasta*, in der jeder einzelne die Aufgaben eines Haushalters möglichst gut erfüllen sollte. In diesem Lebensabschnitt ist Artha nicht nur ein Mittel zum Zweck, sondern eine religiös sanktionierte Notwendigkeit. Erst wenn man seine Familie versorgt weiß und auch seine Pflichten im Beruf erfüllt hat, kann man zur dritten Stufe übergehen, der *Vanaprasta Ashrama* – das (Über)Leben im Wald. In dieser Übergangszeit bereitet man sich auf die letzte Phase des Lebens vor. Einen Teil seiner Zeit verbringt man in Einsamkeit und löst sich somit allmählich von den irdischen Bindungen ab, bevor man der materiellen Welt endgültig den Rücken zuwendet, *Sannyasi Ashrama*, und zum Einsiedler wird. In den *Smruti*-Texten, wie etwa den Gesetzen Manus, werden diese Lebensphasen, die zur Entstehung eines vollständigen Menschen führen, ausgiebig beschrieben, mit allen Regeln, Pflichten und Segnungen. Und im achten Kapitel des ›Manu Smruti‹ wird gesagt: »Die wichtigste Reinheit ist die Reinheit des Vermögens.«

Madhureeta Mukherjee, eine Werbetexterin, die zusammen mit ihren Eltern in einer Zweizimmerwohnung lebt, erzählt, daß ihr Vater eine Waschmaschine erst dann kaufte, als die Putzfrau, die seit Jahrzehnten für die Familie gearbeitet hatte, sie von einem Tag auf den anderen verließ. »Er hatte gar keine andere Wahl, als schnell eine Waschmaschine zu kaufen, denn meine Mutter arbeitete den ganzen Tag, und ich ging zur Schule. Doch neuerdings benutzen wir die Waschmaschine nur für Bettwäsche, Handtücher und andere schwere Sachen. Wir haben wieder eine Putzfrau, und sie macht nicht nur sauber, sondern sie wäscht auch unsere Kleidung.«

Der letzte Maharaja von Udaipur hatte zwei Söhne, die sich seit Jahrzehnten vor Gericht streiten, weil eine Unterschrift unter dem Testament vergessen worden sein soll. Dabei könnte keiner behaupten, daß es den zwei jüngsten Sprossen dieses Geschlechts, erstes unter den göttlichen Maharajas, die direkt von der Sonne oder dem Mond abstammen, an irgend etwas mangelt: Ihr Palast ist der größte private Palast in Indien; auch der Pichola-See, das Lake Palace Hotel und zwei weitere, in der Palastanlage untergebrachte Hotels, gehören ihnen. Doch sie streiten sich, eifrig, bissig, giftig, und der Palast verkommt. Der ältere Sohn zieht London und Bombay vor, nur einmal im Jahr verirrt er sich für drei Monate heim nach Udaipur. Vielleicht um seine Hand auf die Summen zu legen, die der Palast auch in seiner Abwesenheit einfährt – täglich etwa achtzigtausend Euro.

Der Rundgang durch den Palast ist ein Flanieren durch perversen Reichtum. Doch sozialkritische Überlegungen, welche Kluft zwischen den goldenen Ornamenten, den kunstvollen Steinmetzarbeiten, den satten Stoffen und den unzähligen Räumen auf der einen Seite und dem Leben der Untertanen auf der anderen Seite jenseits der Palastmauern – früher wie auch heute – klafft, scheinen nur den europäischen Besucher zu belästigen. Beim Hinausgehen kommt mir eine Gruppe ärmlich gekleideter Bauern entgegen, allesamt barfuß, da sie am Eingang des herrschaftlichen Mahal selbstverständlich die Schuhe ausgezogen haben, auf ihrem Kopf der mit Stolz getragene Turban und um ihren Körper der alltägliche Dhoti. Sie gehen langsam die Treppen hinauf und streichen mit ihren Händen verzaubert über die englischen Kacheln an der Wand. Sie stoßen spitze kurze Schreie der Bewunderung aus in dieser ihnen gar unbekannten, fremden Welt.

Das Leben der dreiundneunzigjährigen Sulchana Chogle ist eng mit ihrem steinernen Haus verbunden, unter dessen tiefgeneigtem Dach etwa fünfundsiebzig Familienmitglieder wohnen. Sulchana Chogle hat die technische Entwicklung des 20. Jahrhunderts miterlebt. Sie erinnert sich noch an den elektrischen Anschluß im Jahre 1930. Davor kochte sie für die ganze Großfamilie auf einem traditionellen Ofen. Die erste Erwerbung war ein Grammophon, eine Anschaffung, die sie als Fest empfand. 1955 kam ein Gaskocher, 1963 ein Mixer hinzu. Es faszinierte sie, was ein einziger Knopfdruck ihr alles ermöglichte. 1973 wurde der erste Fernseher gekauft, 1998 der erste Computer. Heute geht sie souverän mit Mikrowelle und Video um. Und sie setzt sich gerne dazu, wenn die Urenkel von brandneuen Geräten schwärmen. Alle ihre sieben Kinder haben studiert. Einer der Söhne war hochrangiger Polizeioffizier, die anderen arbeiteten als Ärzte, Lehrer, Ingenieure und forensische Experten. Sie regiert weiterhin über die riesige Gemeinschaftsküche, in der sich die Bewohner von zwei Stockwerken und dreißig Zimmern versammeln.

»Der Palast wirkt selbst am hellen Tag noch wie ein Palast, der in unruhigen Träumen erbaut wurde – ein Werk von Kobolden und nicht von Menschen«, schrieb einst Rudyard Kipling über jene Tempel, Paläste und Burgen Nordindiens, die nicht nur wegen ihrer oft übermenschlichen Dimensionen und ihrer bizarren Formen märchenhaft wirken, sondern auch wegen der Emotionen und Ambitionen, denen sie sich verdanken. Das Taj Mahal etwa, berühmtestes Bauwerk Indiens, entstand aus dem Begehren des untröstlichen Königs Shah Jahan heraus, seiner verstorbenen Gattin Mumtaz ein unsterbliches Denkmal zu setzen. Der Marmor selbst sollte singen: »Ich habe nicht vergessen, ich habe nicht vergessen, meine Geliebte!« In zweiundzwanzig Jahren gelang es zwanzigtausend Arbeitern, »eine Träne auf das Gesicht der Ewigkeit« (Tagore) zu zaubern – und wohl auch Tränen in die Augen der kaiserlichen Buchhalter und Schatzmeister zu treiben, denn der Bau brachte das Reich der Moguln an den Rand des Bankrotts.

Die postmodern anmutende Anlage ›Jantar Mantar‹ des Maharaja Sawai Jai Singh II. in Jaipur hingegen ist versteinerter Ausdruck des monumentalen Ehrgeizes, die Sonnenzeit genauer zu messen als je zuvor. Und der Lake Palace inmitten von Udaipur treibt zwar auf dem Wasser eines künstlichen Sees wie eine Mirage, doch historisch gründet es auf der unermeßlichen Vergnügungssucht eines Prinzen. Der Maharaja war es leid, dem Sohn seine Wasserpaläste zur Verfügung zu stellen – er wies den Prinzen an, sich sein eigenes Lustschloß zu bauen. Die Folge dieser väterlichen Zurechtweisung ist eines der schönsten romantischen Gebäude der Welt. Wie eine einzige Märchenkulisse wirkt Jaisalmer, ein indisches Quedlinburg oder Rothenburg ob der Tauber. Mittelalter, erstarrt in bröckeligem Stein. Vergangener Reichtum, in goldene Fassaden ziseliert. Jaisalmer lag auf einer West-Ost-Karawanenroute, die an Bedeutung in Asien nur der Seidenstraße nachstand, und die örtlichen Fürsten verstanden es, sich am durchziehenden Reichtum zu bedienen. Jaisalmer blühte auf, die großen Handelshäuser bauten sich Residenzen von unbescheidener Pracht, die sehenswerten Stadthäuser namens ›Havelis‹. Heute ist die Festung noch bewohnt, von etwa zweitausend Rajasthani, überwiegend Handwerker. Nur ein kleiner Teil des Forts wird von dem Palast eingenommen. Von seinen Terrassen aus kann man sehen, wie das Märchen in allen Richtungen in der Wüste versiegt.

Die bürgerliche Elite Indiens, kosmopolitisch und weltgewandt, findet ihren reinsten Ausdruck in der kleinen, aber erstaunlich mächtigen und wohlhabenden Minderheit der Parsen, Nachfahren von zoroastrischen Flüchtlingen, die vor etwa zehn Jahrhunderten von Persien nach Indien einwanderten. Die Parsen wurden, kaum hatten sich die Briten festgesetzt, zu ihren Zöglingen, der europäischen Kultur und den merkantilen Möglichkeiten der Ära zugetan. Keine andere Gruppe hat die Chancen, die in den Geschäften der neuen Zeit lauerten, im Überseehandel, in der Baumwollweberei und im Opiumschmuggel, so konsequent erkannt und ergriffen. Die Parsen hatten von Anfang an eine dominierende Präsenz bei der extrem lukrativen Ausfuhr des Opiums nach China. Firmen mit vielversprechenden

Namen wie ›Readymoney‹ tauchen in den Archiven immer wieder auf. Opium war eine existentiell wichtige Einnahmequelle für die Bombay-Regierung. Allein im Haushaltsjahr 1848-49 wurden neun Millionen Rupien an Zöllen eingenommen, und in den 1860ern umfaßte dieser Anteil gar ein Sechstel der Gesamteinnahmen der Regierung. Da der Export nach China illegal war, wollte die über Indien regierende Britisch-Ostindische Gesellschaft sich nicht direkt einmischen und überließ das Feld einheimischen Geschäftsleuten. Die Rolle der Parsen als Zwischenhändler wurde somit gestärkt, und diese investierten ihren neuerschlichenen Reichtum in gewaltige Ländereien in Bombay und dem Hinterland. Oft erhielten sie günstige Darlehen (›imam‹), weil den Briten daran gelegen war, einen Gürtel treuer Vasallen um Bombay herum zu installieren.

Als nach der wirtschaftlichen Öffnung von 1992 die indische Mittelklasse international entdeckt und oft auch überschätzt wurde, weil viele Beobachter wie Mr. Lee aus Hongkong die großen Zahlen sahen und nicht die kulturellen Interferenzen hinter diesen, drängten fast alle internationalen Konzerne auf den neuen Markt. Meistens gründeten sie Niederlassungen, die ihre Produkte, trotz der gesenkten Zölle, weiterhin hochpreisig verkauften. Nur wenige Firmen investierten in eine lokale Herstellung oder entwickelten gar Produkte eigens für den indischen Markt. Deswegen hinken die ausländischen Anbieter etwa bei elektronischen Haushaltsgeräten noch ziemlich hinterher. Ob Godrej, BPL,

Videocon oder ONIDA, bei Waschmaschinen, Fernsehern und Kühlschränken nehmen ausschließlich indische Firmen die ersten Plätze in der Verkaufsstatistik ein.

Der Grund ist ziemlich einfach, wie mir Vipul Rawal, Geschäftsführer von BSH Home Appliances, einmal erklärte: Nur Käufer aus der Oberschicht erkennen und schätzen Qualität. Nur wenige Käufer achten auf die Marke (schließlich kann man mit seiner Waschmaschine nicht so gut angeben). Für die Mittelklasse ist allein der Preis entscheidend. Da die Kunden davon ausgehen, daß die bekannten Marken alle mehr oder weniger die gleiche Technik anbieten, entscheiden sie sich für das billigste Produkt. So dominiert etwa Godrej als eingeführte heimische Marke den Kühlschrankmarkt, weil sie Geräte schon für hundertfünfzig Euro anbieten. Zudem übersetzt sich bessere Qualität manchmal in praktische Nachteile. Die schweren, vollautomatischen Waschmaschinen lassen sich nicht auf Räder setzen, was ihren Nutzen erheblich einschränkt, denn in vielen Haushalten muß die Maschine für jeden Wascheinsatz aus ihrer Abstellecke an den einzigen Wasseranschluß geschoben werden.

Um die Kunden zu erreichen, muß man zuerst die Händler überzeugen, die in Indien über ihre eigene Vorauswahl hinaus einen großen Einfluß auf die Kaufentscheidung haben. Denn die meisten Käufer sind unsicher und ungebildet und mangels fehlender Erfahrung wenig kompetent. So wirbt eine Organisation namens ›The Wash Counsellors‹ in der größten Tageszeitung für ihre Broschüre »Wie kauft man die richtige Waschmaschine?«. Die Botschaft lautet: Wieso den Preis des Nicht-Wissens zahlen?

Die Käuferkompetenz wird weiter wachsen, was wohl weniger an der rührigen Broschüre liegt als an den neuen Verkaufsorten. Früher liebten es die Menschen, durch die Bazare Crawford Market und Hindmata Cloth Market zu schlendern, lautstark zu verhandeln, nach Schnäppchen zu suchen. Neuerdings setzen sich auch in Bombay die schicken Einzelläden und vor allem das Urbild des amerikanischen Konsums, die Shopping Mall, durch. Die größere Auswahl, die bessere Vorführung, der gesicherte Service korrespondieren mit dem gesteigerten Bewußtsein und Wissen der Konsumenten.

Einige meiner Freunde überkommen fast nostalgische Erinnerungen, wenn sie an die Familienausflüge von einst zum Gemeindemarkt denken, zu denen man sich schick herausputzte und über Neuigkeiten wie etwa das Radiomodell ›Murphy's Baby‹ staunte. Man tauschte Freundlichkeiten mit anderen Familien aus und sammelte die neuesten Gerüchte ein. Heute, im Zeitalter der schleudernden Waschmaschinen und der blinkenden Apparate, bleibt für all das keine Zeit mehr. Einkaufen ist zu einem rationalen und funktionalen Akt geworden. In dieser Hinsicht hat sich die indische Mittelklasse den Bessergestellten auf der ganzen Welt angenähert.

Natu und Kukila Patel sind sich, auch angesichts ihres neuen Wohlstandes, über ihre Prioritäten sehr einig: »Das Wichtigste ist eine hervorragende Ausbildung für unsere Kinder. Wir besitzen kein Auto, sind noch nie ins Ausland gereist, haben eine alte Waschmaschine und einen noch älteren Kühlschrank, aber an der Ausbildung unserer Kinder wollen wir nicht sparen.« Dieser Anspruch hat dazu geführt, daß die vierzehnjährige Tochter Gita eine der angesehenen katholischen Klosterschulen besucht. Solche Eliteschulen kosten gut fünfzig Euro im Monat. Doch da die Hürden zur Aufnahme selbst in eine hiesige Universität von Jahr zu Jahr höher gelegt werden, reicht ein Abschluß allein nicht mehr aus. Wer heute Abschlußnoten von weniger als neunzig Prozent erzielt, hat kaum eine Chance, von einer der führenden Institutionen aufgenommen zu werden. Das bedeutet viel Nachhilfe, was wiederum auf den Geldbeutel schlägt. Ausbildung hat in Indien Vorrang. Daran wird sich angesichts der katastrophalen Lage an den staatlichen Schulen in nächster Zeit wenig ändern. Doch die Tochter, Gita Patel, guckt am liebsten fern, was wohl erklärt, wieso sie den neuen Farbfernseher ihrer Eltern mehr zu würdigen weiß als die angesehene Schule, die sie besuchen darf. Fernsehen bedeutet für sie das indische MTV, das den ganzen Tag lang süßseifige Ausschnitte aus Hindi-Filmen zeigt, voller inbrünstigem Gesang und schwelgender Bilder.

Das Fernsehen, das inzwischen mehr Programme aufweist als mancher Hindugott Arme und Beine, genießt durch alle Schichten hindurch eine Vorrangstellung.

Selbst aus den Slums ragen Antennen hervor, und Familien, die über TV, Video und DVD verfügen, aber noch von Hand waschen, sind keine Seltenheit. Allerdings stimmt letzteres nicht genau, denn meist waschen sie nicht selbst, sondern lassen waschen. Die billige Arbeitskraft ermöglicht es auch Mittelklassefamilien, zumindest eine Haushaltshilfe anzustellen. Diese verdient – wenn ihr eine Schlafstätte und Essen gestellt wird – sowenig wie dreißig Euro im Monat. Der Arbeitstag umfaßt zwölf bis vierzehn Stunden – in dieser Zeit läßt sich viel Wäsche erledigen, viel Geschirr spülen.

Man richtet sich die Wohnung so ein, wie es der enge Raum, die Vielzahl an Familienmitgliedern und das kleine Budget erlauben. Daraus ergeben sich für Europäer oft ungewohnte Inneneinrichtungen, wie etwa bei dem Maler und Lehrer Jayant Pandit, der in einem der ältesten Teile Bombays lebt, in einer kleinen Wohnung in Girgaum. Nach dem Einzug hat er den Gasofen, den Kühlschrank und die Waschmaschine fast gleichzeitig gekauft, denn sowohl er als auch seine Frau waren sehr in ihrer Arbeit eingebunden und hatten wenig Zeit. Doch in ihrem hellen Heim steht weder ein Sofa noch ein Bett. Zwei zusammengerollte Matratzen in der Ecke dienen als Sitzunterlage und Schlafstätte. »Status interessiert mich überhaupt nicht«, sagt Jayant. »Wir können uns nicht leisten, Möbel ins Haus zu bringen, denn ich brauche den wenigen Raum für meine Staffelei und mein Zeichenbrett.«

Tatsächlich scheint Statusdenken bislang nur unter den Reichen vorzuherrschen. Zwar sind die indischen

Jugendlichen so markenbewußt wie ihre westeuropäischen oder US-amerikanischen Gleichaltrigen, und auf MTV wird intensiv für bestimmte Jeans, Turnschuhe und Sonnenbrillen geworben, doch ihre Eltern scheinen solchen Beeinflussungen gegenüber immun zu sein. Sie sind in der Epoche vor 1992 aufgewachsen, als eine streng protektionistische Politik dafür sorgte, daß Indien alles selbst produzierte und die Auswahl dementsprechend gering war. »Wenn man einen Kühlschrank kaufen wollte, hat man Godrej gekauft, wer einen Wagen bestellen konnte, bestellte bei Maruti«, erzählte mir der Großvater eines Freundes. »Und wer einen Mixer wollte, kaufte einen Sumeet. Und dann war man mit dem Godrej zufrieden und mit dem Sumeet auch, und das nächste Mal haben wir wieder einen Godrej und wieder einen Sumeet gekauft. Sie waren günstig, und sie funktionierten. Wir standen in der Tradition gandhischer Bescheidenheit. Es galt als vulgär, Reichtum zur Schau zu stellen, als obszön, über die einfachen Bedürfnisse hinaus zu konsumieren.« Bis zum heutigen Tag verzeichnet Indien eine sehr hohe Sparquote, bei der die Konten allerdings nicht mit Einlagen, sondern die Tresore mit Schmuck gefüllt werden. »Doch all das hat sich in den neunziger Jahren geändert. Heute geht man mit Lust shoppen, frühstückt Kellogg's Cornflakes, und manche unserer Freunde haben sich schon eine Spülmaschine oder eine Klimaanlage geleistet.«

Die Zeiten, in denen ein Kondom einzig und allein zur Schwangerschaftsverhütung eingesetzt wurde, sind endgültig vorbei. Dank den Webern von Varanasi kommen Kondome nun auch bei der Herstellung von Wickelkleidern zum Einsatz. Die Seidenweber streichen das Gleitmittel der Kondome auf ihre Weberschiffchen, damit diese glatter werden und schneller durch die Fäden gleiten, denn andere Schmiermittel hinterlassen Rückstände im Stoff. Ein adäquates Gleitmittel kostet viel Geld, die Kondome hingegen werden kostenlos vom Amt für Familienplanung in der nordindischen Provinz Uttar Pradesh ausgegeben. Wahrscheinlich beglückwünschen sich dort die Beamten, wie viele Präservative sie gerade unter der moslemischen Bevölkerung verteilt haben, der man in Indien gerne eine übermäßige Gebärfreudigkeit vorwirft. Das moslemische Viertel Madanpura weist eine Unzahl von kleinen Werkstätten auf, in denen klaustrophobische Arbeitsbedingungen herrschen – die Räume passen gerade so um die Webstühle. Benutzt wird ein Lochkartenverfahren wie bei einer Handorgel. Das Design ist eingestanzt, oft wird es von dem Weber selbst entwickelt, in Anlehnung an bereits existierende Muster. Da die vielen Weber Varanasis inzwischen eine halbe Million Kondome pro Tag verbrauchen – fünfzehn Kondome werden für die Herstellung eines seidenen Hochzeitssaris benötigt – und das Amt für Familienplanung jedem Erwachsenen nur sechs Kondome pro Monat zuteilt, was auf eine asketische Lebenshaltung der Beamten deutet, müssen sich die Weber auf dem freien Markt mit den billigsten Kondomen eindekken, auch wenn diese leider nicht die Gleitkraft der höherwertigen Staatskondome haben. Aber ein Weber muß an allen Spulen und Zwirnen sparen. Ein Sari, der eine Woche Arbeit benötigt, bringt etwa zweitausend Rupien ein. Nach Abzug der Kosten bleiben dem Weber gerade einmal fünfhundert Rupien. Die Beamten sollten die monatliche Kondomration erhöhen.

Indien ist der weltweit größte Goldkonsument. Nicht weil der Goldbestand der Zentralbank ungewöhnlich hoch ausfällt, sondern weil in den Familien, vor allem unter den Frauen, Gold in Form von Schmuck die eiserne Reserve bildet. Der nationale Besitz wird auf beachtliche zehntausend Tonnen geschätzt. Seit jeher gilt Gold als beste Sicherheit, unabhängig von den Launen der Papierwährungen und, im Gegensatz zu Bodenbesitz, schnell und problemlos einzulösen. Pro Jahr investieren die Inder doppelt soviel in Gold (zehn Milliarden) wie ausländische Investoren in Indien. Selbst der Einbruch des Goldpreises auf den internationalen Märkten Ende der neunziger Jahre hat zu keinem Umdenken geführt; im Gegenteil, die indischen Käufer bremsten den freien Fall ab. Weder die öffentlichen Warnungen von Ökonomen noch die Anlagetips der Banken zeitigten Wirkung. Die Inder blieben heiß auf Gold. Vor allem während der Heiratssaison im Frühjahr steigt der Goldbedarf drastisch an, denn die Mitgift will veredelt sein. Eine Hochzeit ohne Goldschmuck ist unvorstellbar, auch wenn zusätzlich ein kleiner Maruti oder Indicar in die Mitgift gefahren wird. Nun, da der internationale Preis wieder anhebt, gibt es noch weniger Grund, dem Gold untreu zu werden.

Die Haupthalle des Bahnhofs Bombay Central ähnelt anderen Bahnhofshallen auf der ganzen Welt. Die hohe Decke, die vielen kleinen Geschäfte und Imbißbuden, der Schalter für die Gepäckaufbewahrung, die Tafeln mit den Fahrplänen. Nur am Boden unterscheidet sich dieser Bahnhof von anderen: Zu Stoßzeiten ist jeder Quadratmeter mit hockenden, sitzenden und ausgestreckten Menschen bedeckt, Passagiere, die sich ausruhen oder auf einem Stück Stoff ihr Mittagessen ausbreiten, Obdachlose, die schlafen, und Straßenkinder, die auf Gelegenheiten lauern. Wenn ein Zug angekündigt wird, springen die Jungs hoch, um ihre Dienste den Passagieren anzubieten. Sitzplätze für Passagiere ohne Reservierung zu besetzen gehört zu den lukrativen Jobs. Die Jungen besteigen die abgestellten Züge, bedecken Sitze mit Zeitungen und warten, bis der Zug in den Bahnhof einfährt. Fahrkarten besorgen ist ebenfalls lohnenswert. Die Kinder sind Nutznießer des immensen bürokratischen Aufwands, den ein Ticketkauf erfordert. Wenn jemand keine Lust hat, stundenlang anzustehen, beauftragt er sie, sich für ihn einzureihen. Ähnlich aufwendig ist das Sammeln von leeren Mineralwasserflaschen, die ausgebeult und geschrubbt werden, bevor man sie mit Wasser vom Hahn füllt und für zwei oder drei Rupien an Reisende verkauft.

Nur fünf Gehminuten von Bombay Central entfernt stehen Leute Schlange vor dem neuen McDonald's in einem vor kurzem eröffneten glitzernden Einkaufsparadies. Die Frauen haben ihre besten Saris angezogen, die Kinder sind wie in einer Waschmittelwerbunrg herausgeputzt, die Männer stehen aufrecht, stolz darauf, der eigenen Familie das Vergnügen bieten zu können, das von der Presse seit Tagen angekündigt wird. Zügig bestellen die Familien bei den dynamisch lächelnden, schick uniformierten Mitarbeitern von McDonald's Maharaja Burger, McAloo Tikki, Veg McCurry oder eine der anderen vegetarischen Fast-Food-Kreationen. Mit dem Tablett in der Hand nehmen sie in dem Atrium Platz und bestaunen die hohe Kuppel, die Fußgängerbrücken und die längste Rolltreppe der Stadt. Nach dem Essen bummeln sie an den Schaufenstern vorbei und bleiben vor jenem Juwelier stehen, dessen Auslagefläche größer als ihre gesamte Wohnung ist.

Diese Familien gehören zu jener Schicht, die seit der wirtschaftlichen Öffnung Indiens Anfang der Neunziger zunehmend mit Zukunftshoffnung beladen wird: die Mittelklasse. Obwohl weder über ihre Zahl (zwischen zweihundert und vierhundert Millionen) noch über ihr Einkommen (zwischen tausend und zehntausend Euro im Jahr) Einigkeit herrscht, sind ihr politisches Gewicht und ihre wirtschaftliche Dynamik evident. Egal von welcher Warte aus über die Zukunftsaussichten Indiens spekuliert wird, jeder geht davon aus, daß diese wachsende Schicht das Schicksal des Landes bestimmen wird. Ob sie weiter gedeihen kann, dürfte ungewiß sein, solange der Großteil des Landes eher wie der Bahnhof Bombay Central funktioniert.

Als Indien im Jahre 1947 unabhängig wurde, lebten etwa hundertfünfzig Millionen Menschen in Armut. Die Zahl ist bis heute auf weit über dreihundert Millionen angeschwollen. Gleichzeitig haben heute doppelt so viele Menschen die Möglichkeit, einen Schwarzweißfernseher oder eine Nähmaschine zu erwerben als vor zehn Jahren. Weil es diese beiden Tendenzen gibt, die bei isolierter Betrachtung das Gesamtbild dominieren können, finden sowohl Apokalyptiker als auch Euphoriker reichlich Futter, um ihre Thesen und Visionen zu belegen.

Schwarzseher machen gerne die Übervölkerung für alle Probleme des Subkontinents verantwortlich. Indiens Bevölkerung ist an einem heißen Tag vor wenigen Jahren über eine Milliarde angewachsen. Am Bahnhof, im Nahverkehrszug, erfährt man hautnahe Demonstration der Probleme: Die Leiber pressen sich aneinander, die Luft reicht kaum zum Japsen aus, der Geruch dringt durch alle Gedanken – man wird geknetet wie Teig in den Pratzen eines cholerischen Bäckers. Die indischen Megastädte kommen mit den Menschen massen nicht mehr zurecht, nicht was die Wasserversorgung, die Unterkunft oder den Transport betrifft. Man kann den bedrohlichen Zahlen aber auch den fatalistischen Zahn ziehen: Indien ernährt sich seit der Grünen Revolution selbst – daß es gelegentlich zu Hungersnöten kommt, liegt an der mangelhaften Verteilung. Und der Bundesstaat Kerala, in dem Bildungsstandard und Lebenserwartung höher als irgendwo sonst in Indien sind, weist mit über tausend Einwohnern pro Quadratkilometer die höchste Bevölkerungsdichte auf.

Stellt man aber die Frage, was mit diesen Menschen geschieht – welche Chancen haben sie? was können sie aus ihrem Leben machen? –, stößt man umgehend auf die Ursachen für die gegenwärtige Misere: Der Staat investiert kaum in den Großteil dieser Bürger. Sie erhalten keine oder eine miserable Ausbildung, sie sind gefangen in feudalen Strukturen, sie sind kaum beteiligt an dem Gesamtvermögen. Das wichtigste Kapital, das human capital, wird wenig genutzt. Vor diesem Hintergrund erscheinen eine Milliarde Menschen als eine fast unüberwindliche Belastung. Zumal mehr als sechshundert Millionen von ihnen als Subsistenzbauern oder Kleinlandwirte mit Müh und Pein überleben. Die rasant zunehmende Globalisierung, die unausweichliche Öffnung der heimischen Märkte wird diese Menschen langfristig entwurzeln, dem Arbeitsmarkt aussetzen, in die Slums der jetzt schon explodierenden Städte drängen. Eine wirtschaftliche Entwicklung, die sie aus dieser Verelendung herausholen könnte, ist nicht in Sicht. Trotz eines mäßigen Wirtschaftswachstums in den neunziger Jahren ist die Zahl der Arbeitsplätze in diesem Zeitraum nur um jährlich 1,1 Prozent angestiegen. Die amtlichen Arbeitsbörsen verzeichnen momentan sage und schreibe vierzig Millionen Arbeitssuchende. Die Wirtschaft, die bislang Arbeitslosigkeit durch Hilfsarbeit und Unterbeschäftigung aufgefangen hat, muß sich jetzt schon mit einem neuen Phänomen auseinandersetzen: der Zunahme an gebildeten Arbeitslosen in den Städten.

Ajay, der zwanzigjährige Sohn eines Bekannten, bringt die Probleme auf den Punkt: »Am wichtigsten sind uns bessere Berufsaussichten. Was nutzen all die

Titel, wenn Leute mit Magister als einfache Angestellte arbeiten müssen? Man büffelt doch nicht fünfzehn Jahre lang, um nicht einmal hundert Dollar im Monat zu verdienen. Wenn du heute die Uni verläßt, triffst du auf einen brutalen Arbeitsmarkt. Jede Firma, die eine Stelle ausschreibt, wird von Bewerbungen überflutet.«

Manche Wirtschaftsführer übertreffen sich gegenseitig mit optimistischen Prognosen. »Die Software-Industrie wird Indien so umwälzen, wie die Automobilindustrie die USA Anfang des vorigen Jahrhunderts umgewälzt hat«, äußerte der Industrielle Abhijit Sen stellvertretend für viele. »Wir können auf dem Rücken der Software zur Wirtschaftsmacht werden.« (Auf dem Rücken der Atomwaffenversuche, das haben die nach einem Sitz im Sicherheitsrat strebenden Machthaber Indiens in den letzten Jahren schmerzhaft erfahren müssen, wird es gewiß nicht gelingen.) Schöne Illusionen? Zwar wächst die Branche um mehr als fünfzig Prozent im Jahr, doch der Boom wird im wesentlichen von etwa sechshundert Firmen genährt, die insgesamt gerade einmal dreihunderttausend Fachleute beschäftigen. Und selbst wenn sich die Erwartungen des Branchenverbands Nasscom bestätigen und das Exportgeschäft im Jahr 2008 rund fünfzig Milliarden Dollar umsetzen sollte, werden die Software-Gurus ihren Erfolg recht einsam genießen. Die eklatante Diskrepanz zwischen Elite und ungebildeter Masse wird Indien weiterhin nach unten ziehen. Selbst für einfache Aufgaben, hört man Geschäftsleute immer wieder klagen, lassen sich fähige, selbständige Mitarbeiter nur schwer finden.

So eifrig sich der Staat in den letzten Jahrzehnten um die Förderung von Universitäten, technischen Hochschulen und Colleges gekümmert hat (jährlich werden etwa hunderttausend Informatiker ins Berufsleben entlassen), sosehr hat er bei den Grundschulen versagt. Obwohl die Alphabetenrate laut offiziellen Zahlen seit 1991 von 52 auf 64 Prozent angestiegen ist, weist Indien die weltweit mit Abstand höchste Zahl an Analphabeten auf. (Wiederum bildet Kerala mit einer Alphabetisierungsrate von über neunzig Prozent eine Ausnahme, Resultat einer konsequenten, beharrlichen Bildungspolitik über mehrere Legislaturperioden.) Zudem ist das Niveau der staatlichen Volksschulausbildung teilweise so miserabel, daß die Schüler keine nützlichen Kenntnisse erwerben können. Zwei Drittel der eingeschulten Kinder gehen vor der achten Klasse von der Schule. Angesichts der absurd niedrigen Mittel, die auch die jetzige Regierung für Bildung bereitstellt, wird der Staat dem wachsenden Andrang auf seine Bildungsinstitutionen (über neunzig Prozent der Eltern gaben vor kurzem in einer Umfrage an, es sei wichtig, daß ihre Kinder eine schulische Ausbildung erhielten) nicht genügen können.

Die Linderung dieses Problems ist bislang örtlichen Graswurzelinitiativen überlassen, die eine von Indiens Stärken darstellen. Im ganzen Land haben sich über die letzten Jahrzehnte Selbsthilfegruppen wie etwa die Fraueninitiative SEWA, basisdemokratische Strukturen in den Panchayats, landwirtschaftliche oder handwerkliche Kooperativen wie die sehr erfolgreiche Milchcoop

Amul sowie Protestgruppen gebildet. Von ihnen gehen wichtige Impulse zur Neugestaltung der indischen Gesellschaft aus. Und immerhin können sie innerhalb eines Rahmens agieren, in dem Menschenrechte, Unabhängigkeit der Justiz und Meinungsfreiheit teilweise gewährleistet sind. Solange diese »Millionen von Rebellionen«, um V. S. Naipauls eloquente Beschreibung zu zitieren, stattfinden, haben die Optimisten in Indien ein Wörtchen mitzureden.

8. Googly

Googly (Fachbegriff): 1. Ein Wurf im Kricket, bei dem der Ball beim Aufspringen seine Richtung ändert und damit den am Schlag befindlichen Gegenspieler täuscht. Eine Variante des off-spin (siehe Encyclopaedia Cricketeria, 66. Auflage, Lords 2004). 2. Ein Trick, eine Täuschung, eine Falle, ein versteckter Angriff. 3. Synonyme: Flatterball, Bananenflanke.

FRENCH GOOGLY! schrie die Überschrift des ›Mumbai Mirror‹. Da die Franzosen Kricket nicht schätzen (obwohl sie merkwürdigerweise Rugby spielen), mußte sich die Schlagzeile auf etwas Unsportliches beziehen. Ein Flugzeugträger namens *Le Clemenceau* sollte in Indien zur Ruhe zerlegt werden, in einem kleinen Ort an der Gujarati-Küste namens Alang, an dessen langem Strand aufgrund der ungewöhnlich starken Unterschiede zwischen Ebbe und Flut in den letzten fünfzehn Jahren mehr als zweitausend Ozeanriesen verwertet worden sind. Ein Großauftrag für eine Industrie, die Wanderarbeitern aus den verarmten Provinzen Uttar Pradesh und Bihar eine gefährliche und schlechtbezahlte Arbeit bietet. Doch die Franzosen hatten nicht mit offenen Karten gespielt – sie hatten die Kleinigkeit von fünfundvierzig Tonnen Asbest verschwiegen. Der Ball sprang auf dem unebenen indischen Terrain auf und hätte wohl alle überlistet, wäre er nicht den Aktivisten von Greenpeace in die aufmerksamen Hände geflogen. Da half es nicht mehr viel, daß der französische Botschafter bei seinem nächsten Wurf einen weiteren Offspinner von sich gab, indem er von den Vorteilen des technologischen Transfers sprach. Ein französisches Gericht forderte Auskunft über das Ausmaß der Asbestverseuchung, der französische Präsident beorderte den Flugzeugträger, der irgendwo im Indischen Ozean faul herumlag, zurück nach Hause. Der Googly, ein Täuschungsmanöver in diesem Geduldsspiel, war mißlungen.

Kricket, hat irgend jemand irgendwann irgendwo gesagt, ist ein indisches Spiel, das zufällig von den Engländern entdeckt wurde.

Es wäre übertrieben, Kricket als eine dynamische, körperbetonte Sportart zu bezeichnen, und es wäre gewiß verwegen zu behaupten, daß die Inder besonders sportlich veranlagt seien. Ich möchte ein kurzes Buch lesen, fragt gemäß eines berühmten Witzes ein Kunde seinen Buchhändler, worauf dieser ihm eine Broschüre mit dem Titel ›Indische Sporthelden‹ reicht. Bei Olympischen Spielen fahren indische Sportler das mit Abstand schlechteste Resultat gemessen an der Bevölkerungszahl ein. Im Medaillenspiegel liegen sie knapp hinter den Bermudas und Katar. Zuletzt gab es zwei Medaillen zu bejubeln, eine im Schießen und eine im Gewichtheben. Das letzte Edelmetall in einer Bewegungsdisziplin erspielte sich 1996 ein Tennisprofi namens Leander Paes im Einzel. Einst war die Nationalmannschaft im Hockey unschlagbar, Sikhs mit hochgestecktem Haar dribbelten ihre Gegner schwindlig, doch dann wurde der Kunstrasen erfunden, moderne Trainingsmethoden und Teamdisziplin setzten sich auf Kosten der individuellen Virtuosität durch, und Indien versank daraufhin in der Zweitklassigkeit. Nur im Kricket ist die Nationalmannschaft Weltklasse – bei der letzten Weltmeisterschaft unterlag sie erst im Finale den übermächtigen Australiern.

Kein Wunder also, daß Kricket Indiens Nationalsport ist. Keine andere Sportart der Welt verzeichnet in einem Land so viele Anhänger, obwohl Kricket lange Zeit ein Zöglingssport der Kolonialherren war. In den Jahren zwischen den Weltkriegen nahmen sich zuerst die einheimischen Prinzen dieses Gentleman-Spiels an. Besonderen Gefallen fanden die adligen Spieler daran, den Schläger zu schwingen. Alle anderen Tätigkeiten auf dem Feld überließen die Maharajas ihren Dienern. Schließlich war es eines Herrschers unwürdig, einem Ball hinterherzulaufen.

Im unabhängigen Indien traten dann die großen Firmen die Nachfolge der Prinzen an und leisteten sich eigene Teams. Kricket wurde zunehmend als Möglichkeit des sozialen Aufstiegs und Prestigegewinns angesehen. Gleichzeitig erhielt die wachsende Mittelklasse vermehrt Zugang zu Schulen, wo Kricket geübt und begabte Spieler entdeckt werden konnten. Bis zum heutigen Tag entstammen die Nationalspieler fast ausschließlich der Ober- und Mittelschicht.

John Wright, ein bedächtiger und bescheidener Neuseeländer, war überwältigt, als er seinen Job als Trainer der indischen Nationalmannschaft antrat. In seinem eigenen Land gelten selbst die Heroen des Krickets wenig, niemand sprach ihn beim Einkaufen oder Spazierengehen an, in Indien hingegen beschäftigte sich das ganze Land mit seinen Entscheidungen, bald war er fast so bekannt wie die Schauspieler aus Bollywood – die Leidenschaften kochten vor, während und nach jedem Spiel hoch. »Wir wurden entweder vergöttert oder verteufelt, dazwischen gab es nichts.« Als sollten seine Worte umgehend unterstrichen werden, wurde er beim Verlassen des Restaurants, in dem wir ungestört diniert hatten, von mehreren Gästen aufgehalten, die seine Hand schütteln und sein Autogramm erhalten wollten, und sogar die Kellner gruppierten sich um den großgewachsenen Mann und warteten geduldig mit einer abgerissenen Quittung in den Händen. »Ich bin sicher, daß man anhand von Kricket ein Buch über Indien schreiben könnte. Ich war der erste ausländische Trainer in der

Geschichte, und es war zu jenem Zeitpunkt gut, daß ich von außerhalb kam. Es interessierte mich nicht, ob ein Spieler aus dem Norden oder dem Süden stammte, aus welcher Kaste er kam und mit wem er verwandt und verschwägert war. Ich konnte keine der dreizehn Sprachen, die im erweiterten Aufgebot gesprochen wurden. Wir hatten nur eine gemeinsame Sprache: Kricket.«

Später am Abend, nach dem vierten oder fünften Bier (wie die meisten Ozeanier ist John Wright sehr trinkfest), stand er auf, um mir den Googly zu demonstrieren. Er hatte sich vom Kellner eine Orange bringen lassen. Er legte seine Finger um die Frucht und zeigte mir, wie der Ball aus der Hand herausgeschleudert wird und wie die Finger ihm dabei einen unsichtbaren Dreh mitgeben. »Es ist die Absicht des Spin, den Ball in einem Winkel abspringen zu lassen, den der Batsman (Schläger) nicht abschätzen kann. Es gibt den ›inswinger‹, bei dem der Ball sich in den Batsman hineindreht, und es gibt den ›outswinger‹, der sich wegdreht. Der Googly ist ein Sonderfall. Der Ball fliegt nach dem Aufsprung in die entgegengesetzte Richtung, in die er aufgrund seiner Flugkurve und der Wurfbewegung hätte fliegen müssen.«

»Die ultimative Täuschung, also?« fragte ich.

»Der beste Con-Job (Täuschungsmanöver), den es im Sport gibt.« John Wright grinste.

Aber selbst John Wright konnte mir nicht sagen, woher der seltsame Begriff ›Googly‹ stammte. Es sollte einige Tage dauern, bis ich Antwort erhielt. Jemand hatte mich an ein lebendes Lexikon des Krickets verwiesen, an einen alten Herrn, der selten sein Haus verließ und nur auflebte, wenn im Fernsehen ein Match übertragen wurde. »Du wirst es nicht glauben«, schwärmte der Bekannte, als er mir die Adresse dieses Herrn überreichte. »Würdest du ihn fragen, wann zuletzt zwei Linkshänder in einem Spiel gegen England mehr als hundert Runs (Punkte) erzielt haben, er könnte es dir umgehend sagen.«

Ich wurde herzlich empfangen. Der alte Mann stützte sich auf einen Gehstock. Wir tasteten uns langsam durch eine dunkle Wohnung, bevor wir die Sitzecke erreichten, die gegenüber einem verhängten Fernseher postiert war.

»Sie schreiben für ›Wisden‹!« stellte der alte Mann fest. ›Wisden‹ ist der Weltalmanach des Krickets – mein Bekannter hatte es offensichtlich für nötig empfunden, meine Bedeutung zu erhöhen.

»Oh, nein«, sagte ich. »Ich habe schon für viele Publikationen geschrieben, niemals aber für ›Wisden‹.«

»Sorgen Sie sich nicht«, sagte der alte Mann tröstend, »Sie werden es eines Tages schaffen.«

Wir wechselten einige Worte über die momentane Schwäche der indischen Nationalmannschaft, bevor ich mich mit meiner Frage heraustraute.

»Der Googly? Und so etwas wissen Sie nicht? Na, dann wird es vielleicht doch nichts mit ›Wisden‹. Es war Bosanquet, B. J. T. Bosanquet (ich habe mir gewiß den letzten Rest Respekt verscherzt, als ich nachfragte, wie man den Namen dieses Kricketspielers schreibe). Während der MCC-Tournee von 1903–04. (Ich traute mich nicht zu fragen, was MCC ist, aus Angst, der Mann könnte mich empört seiner Wohnung verweisen.) Wer weiß, wie er auf diesen merkwürdigen Namen kam. Vielleicht hatte er seine Freude an Nonsensgedichten wie viele dieser Engländer. An Sprachspielen. Es kann sehr langweilig werden auf so einer Tour, da hockt man wochenlang herum und hat nichts zu tun.«

Wir saßen noch eine Weile in der Dämmerung, der alte Mann trommelte mit seinem Gehstock auf den Boden, und obwohl ich ihn gewiß mit meiner mangelnden Kenntnis enttäuscht hatte, fragte er mich, wer denn meiner Ansicht nach den Test (die wichtigsten Spiele im Kricket heißen ›Tests‹) zwischen Indien und England gewinnen werde. Höflich antwortete ich: Indien. Worauf der Alte nur noch sagte: Wetten Sie nicht darauf.

Bei jedem Kricket-Spiel, an dem Indien teilnimmt, werden weltweit hundertfünfzig Millionen Dollar verwettet, und wenn Indien gegen Pakistan spielt, kann der Betrag fünfhundert Millionen erreichen. Achtzig Prozent aller Sponsorengelder stammen aus Indien, und das indische Team ist weltweit beliebt. In den USA etwa zahlt eine Viertelmillion indischer Einwanderer viel Geld, um auf einem privaten Sender die Spiele während einer WM zu sehen.

Heute ist Kricket Big Business. Die Werbeabteilungen der Konzerne richten ihre Aufmerksamkeit fast ausschließlich auf die Stars. Heroen wie der ›master blaster‹

Sachin Tendulkar werben ebenso für Pepsi, Kodak oder adidas wie für Banken, Versicherungen und Autohersteller. Zumal Kricket fürs Fernsehen wie geschaffen ist: mit geringen Kosten wird ein ganzes Tagesprogramm abgedeckt, denn selbst die Kurzfassung des Spiels dauert etwa acht Stunden. Vor etwa dreißig Jahren wurde eine von Puristen geschmähte Sprintversion namens One-Day-Match eingeführt. In diesem Modus wird seit 1975 alle vier Jahre ein Weltmeister gekürt. Ein Testspiel hingegen wird über fünf Tage ausgetragen, von morgens zehn bis nachmittags um fünf oder sechs, je nach Lichtverhältnis. An den Tagen danach läuft zuerst eine Zusammenfassung, gefolgt von einer Reprise des gesamten Matches mit dem Originalkommentar. Und wenn das Spiel durch Regen unterbrochen wird, kann man die Aufzeichnung des vorigen Tages noch einmal zeigen, und wenn es weiter regnet, die des vorvorigen. Zwischen jedem Spielzug gibt es reichlich Zeit, die vorausgegangene Aktion mehrfach in Zeitlupe aus drei verschiedenen Perspektiven zu wiederholen. Alle vier Minuten, nach jedem Over, der aus sechs Würfen besteht, erfolgt eine Pause, vorgeblich, um die Seite zu wechseln, von der aus der Ball geworfen wird. Tatsächlich handelt es sich um eine Werbepause von der Länge eines Coca-Cola-Spots …

Eine überdurchschnittliche Zahl von Googlys wird geworfen, wenn Indien gegen Pakistan spielt, auf dem Spielfeld sowie außerhalb der Stadien. Daß die beiden Mannschaften sich überhaupt begegnen, ist ein Politikum sondergleichen. Kriegsmetaphern werden im Sport zwar häufig bemüht, aber sie sind selten so angebracht wie bei dem Duell zwischen zwei Staaten, die fast täglich in kleinere oder auch heftigere Grenzscharmützel verwickelt sind und die ihre Rhetorik regelmäßig nuklear anreichern. Vor einigen Jahren, als bewaffnete Jihadis das indische Parlament angriffen und nach einem langen Gefecht mit den Sicherheitskräften erschossen wurden, war die Lage so angespannt, daß einige westliche Länder ihre Staatsbürger aus Bombay und Delhi evakuierten. Im nachhinein wird behauptet, zum erstenmal seit der Kuba-Krise seien zwei Länder am Abgrund eines atomaren Schlagabtausches gestanden. Doch selbst in Krisenzeiten läßt sich das Aufeinandertreffen der beiden Mannschaften bei der Weltmeisterschaft nicht vermeiden, ein besonders heikles Kräftemessen, denn der Unterlegene in dieser Brüderfehde verliert vor der ganzen Kricket-Welt.

Schon zum Spielbeginn um drei Uhr am Nachmittag ist Bombay wie verwandelt. Im wuseligen Geschäftsviertel Fort stehen Kulis, Botenjungen, Straßenverkäufer dicht gedrängt vor den offenen Fenstern der Gaststätten, um einen Blick auf einen der kleinen Fernseher zu erhaschen. Krämer im Schneidersitz rufen vorbeifahrenden Kunden das laufende Resultat mit gewürzten Kommentaren zu. Von überall her ist das Klingeln der Handys zu hören: Geschäftsleute tauschen sich über den Spielverlauf aus. Manche Firmen haben ihren Angestellten freigegeben, einige Behörden frühzeitig ihre

Schalter geschlossen. Am ›Gateway of India‹ wird ein Bettler mit Transistorradio gesichtet, der seine Almosenschale beiseite gelegt und seine Freunde um sich versammelt hat. Später am Abend, als Indien ein gutes Schlagergebnis vorgelegt hat und Pakistan es mühsam zu überbieten versucht, sind die Straßen so leergefegt wie ansonsten nur am Sonntag um fünf Uhr in der Früh.

Auch die Atmosphäre im Stadion ist ungewöhnlich. Die Kommentatoren sind begeistert von dem bunten, lauten, enthusiastischen und bis zuletzt friedfertigen Geschehen auf den Rängen. Dort, wo normalerweise einige ältere Herren auf Klappstühlen bei sensationellen Schlägen wohldosiert in die Hände klatschen, johlen und stampfen und singen und tanzen und hüpfen und fluchen grünblau gekleidete Fans mit Trommeln, Fahnen und Schildern.

In Zeiten allgegenwärtiger Beschleunigung wirkt Krikket angenehm anachronistisch. Ein Testmatch endet nach fünf Tagen oft in einem Unentschieden! Es gibt weder ein ›Sudden Death‹ noch ein Elfmeterschießen. Die Spielregeln zu erklären ist keine leichte Aufgabe. Im Prinzip hat Kricket einiges mit Brennball oder Baseball gemein. Mitten auf dem ovalen Platz ragen zwei knapp zwanzig Meter voneinander entfernte Hölzer (wickets) aus dem Boden. Die zwei Mannschaften zu je elf Spielern wechseln sich mit Werfen (bowling) und Schlagen (batting) ab. Jeweils zwei Spieler der schlagenden Mannschaft stehen an den Hölzern – der eine versucht, mit einem Schläger den ihm zugeworfenen Ball so ins Feld zu plazieren, daß er mit seinem Partner die Positionen wechseln kann, ehe die gegnerische Mannschaft den Ball zu den Hölzern zurückwerfen kann. Dies zählt als ein Punkt (Run), Bälle, die über den Spielrand rollen (vier) oder fliegen (sechs) bringen mehr ein. Nach fünfzig Overs (je sechs Würfe) muß die bislang werfende Mannschaft versuchen, mehr Runs zu erzielen als der Gegner.

Das skurrilste Detail im Kricket heißt ›lbw‹ (›leg before wicket‹). Der mit breiten Schienbeinschonern ausgestattete Batsman könnte stets seine Beine vor das schmale Wicket stellen und somit verhindern, daß der Bowler jemals die Hölzer trifft. Um das zu verhindern, darf die werfende Mannschaft ein ›lbw‹ reklamieren, wann immer der Ball die Schoner getroffen hat und angesichts seiner Flugkurve voraussichtlich auch die Hölzer berührt hätte. Gemäß der Tradition sollte die Reklamation durch ein zurückhaltend vorgetragenes »How was that?« beim Umpire (Schiedsrichter) eingereicht werden. Doch statt dessen – oh, welch Verrohung der Sitten! – hüpfen Werfer und Mitspieler wie von Wespen gestochen hoch, reißen die Arme in die Höhe und die Augen weit auf und beschwören den Umpire, den gegnerischen Batsman auszuschließen. Hebt der Schiedsrichter seinen rechten Arm, muß der Batsman das Feld verlassen. Nicht ohne zuvor mit einem ungläubigen Gesichtsausdruck und einem beharrlichen Kopfschütteln für jeden sichtbar verkündet zu haben, daß er der Entscheidung des Umpires durch und durch mißtraut. Hebt dieser allerdings nicht seinen Arm, schaut der Bowler so verblüfft und verletzt drein, als wäre sein Heiratsantrag abgelehnt worden.

Wie Baseball ist Kricket ein Spiel für Statistiker. Die seriösen Mitglieder dieser Zunft sind in der ›Association of Cricket Statisticians and Scorers of India‹ organisiert. Der Spielverlauf wird stets anhand eines ausgeklügelten Zahlenwerks wiedergegeben und jede Leistung nach ihrer historischen Einzigartigkeit untersucht. So findet sich fast immer ein statistisches Lorbeerblatt, mit dem selbst das schwächste Spiel gekrönt werden kann: »Dies war die beste Partnerschaft zwischen einem Brahmanen aus dem Süden und einem Pathanen aus dem Norden für das vierte Wicket am dritten Tag eines Testmatches gegen Australien in Indien.«

Während die indische Mannschaft in dem entscheidenden WM-Spiel immer stärker aufspielt und die nervösen pakistanischen Batsmen zunehmend dominiert, frage ich die euphorischen Herren an der Bar im CCI, dem legendären ›Cricket Club of India‹, die mich zum Glücksbringer ernannt haben und mir pro ausscheidendem Pakistaner ein Bier spendieren, wieso Kricket gerade in Indien so beliebt sei? Fehlende Athletik, bemerkt ein schmerbäuchiger Glatzkopf. Kricket sei neben Volleyball der einzige Mannschaftssport, bei dem es zu fast keinem körperlichen Kontakt komme. So hätten auch schwächere Menschen eine Chance. Ein weißhaariger Brillenträger weist hingegen darauf hin, daß Kricket keinen Rivalen in der Publikumsgunst habe, da Indien in keiner anderen Sportart Weltklasse aufzuweisen habe. Ein Bengale mit fahrigen Gesten spekuliert über die Geduld, die dieses Spiel fordere und die im indischen Alltag reichlich geübt werden könne.

Das Spiel endet mit einem grandiosen Sieg Indiens. Die Zuschauer im Stadion überfluten den Platz – die Spieler müssen vor soviel Zuneigung ihre Beine unter die Arme nehmen. So schnell, wie sie in die Kabinen eilen, sind sie das ganze Spiel über nicht gerannt.

Auf einmal waren Schlangenbeschwörer wieder gefragt. Nach Jahren der Mißachtung, in denen ihnen radikale Tierschützer wie die einstige Umweltministerin Maneka Gandhi das Leben schwergemacht hatten, standen sie von einem Tag auf den anderen im Mittelpunkt der nationalen Aufmerksamkeit. Jeder halbwegs fähige Schlangenmann aus der Umgebung Delhis wurde ins Kricketstadion gekarrt. Denn die Shiv Sena, unter den nationalistischen Hindu-Parteien die wahnsinnigste, hatte eine schreckliche Drohung ausgesprochen: Sie würde beim Spiel Indien gegen Pakistan giftige Schlangen im Stadion aussetzen, um dagegen zu protestieren, daß der Erzfeind ins Land geladen worden war. Es war keine leere Drohung. Berichte aus den Provinzen Rajasthan und Uttar Pradesh bestätigten, daß eine Reihe von *Saperas* – so lautet die korrekte Berufsbezeichnung der Schlangenbeschwörer – von der Shiv Sena in verschwörerischer Absicht angesprochen worden seien.

Durga Nath, Mitglied der neuen Schlangenpolizei, stand an einem der Eingänge und prüfte jeden

Zuschauer, der hereindrängte, mit scharfem Blick auf seine Eignung zum Schlangenschmuggler.

»Schlangen reinbringen, das kann nicht jeder«, erklärte er. »Die einfachen Leute haben Angst, Schlangen zu berühren. Nur ein Sapera kann eine Schlange anfassen. Und nur ein Sapera kann einen anderen Sapera erkennen. Wir haben unsere eigene Sprache, unseren eigenen Gang, unsere eigenen Gewohnheiten. Am wichtigsten aber ist die Körperhaltung. Schlangen müssen sehr sorgfältig getragen werden, ob in einem Korb oder am Körper.«

»Wie, am Körper?« rief ich erschrocken aus.

»Wie unser Herr Shiva. Man kann sie natürlich auch auf dem Kopf tragen, im Turban, aber dann darf man den Kopf beim Gehen nicht zu sehr bewegen. Oder in den Schuhen, in eigens dafür hergestellten Zwischenräumen. Dann muß man aber sehr leichtfüßig auftreten. Oder in der Unterwäsche, das ist die schwierigste Art, eine Schlange zu transportieren, aber wir können es. Nur wir wissen, wie man sich bewegt, wenn man eine giftige Schlange in der Unterhose trägt. Das ist ein ganz besonderer Gang. Nur ein Sapera kann diesen Gang erkennen.«

Durga Nath war – wie die anderen etwa hundert Schlangenbeschwörer im Einsatz – der Shiv Sena dankbar, denn endlich einmal verdiente er gutes Geld, fünfhundert Rupien am Tag, und erhielt zwei warme Mahlzeiten. Allerdings fand weder er noch irgendeiner seiner Kollegen eine einzige Schlange. Es gereicht der Gilde der Schlangenbeschwörer zur Ehre, daß sie ihre Fertigkeiten nicht an die Shiv Sena verkauft hatte. Indien gewann dieses Testmatch souverän; kurz darauf brach die Shiv Sena in das Büro des indischen Kricketverbandes ein und zerstörte den einzigen Pokal, den Indien je bei einer Weltmeisterschaft gewonnen hat, im Jahre 1983.

Wer in der indischen Politik reüssieren will, muß in seinem Repertoire einen besonders raffinierten Googly führen. Äußerungen werden der Öffentlichkeit oft so hinterhältig hingeworfen, daß nur außergewöhnliche Meister des Spiels das wahre Ziel des Angriffs erkennen können. Auch hier ist die Shiv Sena besonders einfallsreich. Sie provoziert seit Jahren geschickt Skandale aus völlig unverfänglichen Situationen. Das Prinzip ist denkbar einfach: Zuerst verkündet sie mit lauter Stimme, ein Sakrileg bahne sich an, und offensichtlich sei niemand gewillt, die Ehre des Vaterlandes und die Reinheit des Hinduismus zu verteidigen, außer der Shiv Sena. Wenn man genauer hinhört, erfährt man etwa, daß eine Popsängerin daran gehindert werden muß, in einem Tempel in Varanasi ein Ritual namens ›Abhishek‹ durchzuführen. Grund: Ihr Name, Parvati Khan, gebe Anlaß zur Befürchtung, sie sei keine Hindu. Nun stimmt es zwar, daß der Namen Khan eher bei Moslems anzutreffen ist, aber der Vorname der Frau ist eindeutig aus der Hindu-Mythologie geschöpft. Zumal es nicht einleuchtet, wieso eine moslemische Frau ein hinduistisches Ritual vollziehen möchte. Daraufhin weigert sich die Popsängerin, einen Beweis ihrer Rechtgläubigkeit darzubieten, was unter anderem damit zusammenhängt, daß es keine amtlichen Papiere gibt, die einen als Hindu ausweisen, was der Shiv Sena bestens bekannt ist. Der Konflikt verschärft sich. Aktivisten rotten sich vor dem Tempel zusammen, ein kleiner Bürgerkrieg droht, Politiker rufen zur Mäßigung auf, Bürgerrechtler solidarisieren sich mit Parvati Khan, bis die Popsängerin einsieht, daß ihr an dem ›Abhishek‹ doch nicht soviel gelegen ist, und sie ihren Wunsch zurücknimmt, worauf die Shiv Sena in der Öffentlichkeit als Retter des Allerheiligsten dasteht.

Alfred Ford hatte alles richtig gemacht. Er hatte sich mit den führenden Lokalpolitikern abgesprochen, er hatte seinen Plan von den Behörden des Bundesstaates Himachal Pradesh und dem Tourismusministerium absegnen lassen. Er hatte zugesichert, siebzig Prozent der Arbeitsplätze an Einheimische zu vergeben, er hatte ein Investitionsvolumen von über hundert Millionen Euro (das höchste in der Geschichte des Tourismus in Indien) garantiert. Sein Plan, in den Bergen eine gewaltige Skianlage mit siebenhundert Hotelzimmern und dreihundert Chalets, mit Seilbahnen und Skiliften zu entwickeln, ein Projekt mit dem bescheidenen Namen ›Himalayan Ski Village‹, schien auf dem besten Wege zu sein. Doch Alfred Ford, Nachfahre des Industriellen Henry Ford, hatte nicht bedacht, wie tückisch etwas aufspringen kann, das geradlinig dahergeflogen kommt. Als alles, was in der Politik und Verwaltung Rang und Namen besitzt, zugestimmt hatte, protestierten die

Götter. Auf das Entschiedenste. Alfred Ford hätte es ahnen können, denn er ist selbst praktizierender Hindu, seit Jahren Mitglied von ISKCON (bekannter unter dem Namen ›Hare Krishna‹) und zudem mit einer Inderin verheiratet.

Jamdagni rishi, oder Jamlu devta, wie der Gott im Volksmund genannt wird, ließ durch sein Orakel verlauten, das ›Himalayan Ski Village‹ würde dem Tal nicht zum Vorteil gereichen. Anwesend bei dieser Verkündung war auch Maheshwar Singh, ehemals Maharaja des Kullu-Tales, der als höchster Diener der Götter einst in ihrem Namen herrschte und heute noch ihre Wünsche in die Sprache der Sterblichen übersetzt. Die Götter hätten ihn beauftragt, erklärte er, eine Generalversammlung aller Priester und Orakel zusammenzurufen. Die Orakel der etwa vierhundert Götter und Göttinnen wurden aufgefordert, sich am 16. Februar in Naggar bei Kullu zu einem *badi jagati puchh* (›Laßt die Götter Rat geben‹) einzufinden. Eine solche Versammlung wurde zum erstenmal seit sechsunddreißig Jahren einberufen.

Alfred Ford mußte nicht den 16. Februar abwarten, um zu erfahren, was den Göttern mißbehagte. Er mußte sich nur mit einem der Orakel unterhalten, etwa mit Ludramani aus dem Dorf Bhatar, der als erster die Warnung ausgegeben hatte und der als Pressesprecher seines Gottes agierte. »Unsere Dörfer«, erklärte er einem indischen Journalisten, »hängen von den Quellen und Bächen ab, das ist das Wasser, das wir trinken und mit dem wir unsere Felder bewässern. Wenn das ›Himalayan Ski Village‹ exklusive Nutzrechte auf den höher gelegenen Hängen erhält, wird der Wasserfluß unterbunden werden, vielleicht wird das Wasser sogar verschmutzt durch die Chemikalien, mit denen sie den Schnee präparieren, damit die Besucher das ganze Jahr über Skifahren können.« Und er führte weitere Sorgen an, über das Weideland und die Brennholzversorgung, sollten Teile des Tals zur Ökozone erklärt werden. Auch gebe es weit oben einige heilige Stätten, kleine Seen, die für rituelle Zwecke benutzt werden. »Es könnte sein«, schloß Ludramani, »daß die Götter nicht wünschen, daß ihre heiligen Plätze entehrt werden.«

Je mehr die entsandten Journalisten nachfragten, was den Zorn der Götter erregt habe, desto mehr menschliche Beschwerden traten zu Tage. Eine Organisation namens ›Jan Jagran Manch‹ erklärte, sie wehre sich gegen die Übernahme der Hügel durch eine ausländische Firma. Andere Dorfbewohner waren erregt, daß die Regierung nicht jene, denen das Land und seine Ressourcen ursprünglich gehörten, nach ihrer Meinung befragt hatte. Alfred Ford versuchte, einen Meinungsumschwung herbeizuführen, seine Entsandten reisten von Dorf zu Dorf, um zu korrigieren, was in ihren Augen nur einem Mangel an Information geschuldet war. Aber ihre Kampagne war von Anfang an zum Scheitern verurteilt. Das Urteil der Götter sei verläßlich, erläuterte ein alter Mann. »Da schon mehrere Kullu-Götter ihren Widerstand gegen dieses Projekt erklärt haben, ist der Ausgang ziemlich eindeutig.«

Und so war es denn auch. Trommeln wurden geschlagen, die Orakel fielen in Trance, und als sie aus ihrem Taumel erwachten, ließen sie verlauten, das Vorhaben müsse verhindert werden, denn es würde soziale und kulturelle Zersetzung mit sich bringen. Die Entscheidung der Orakel, nach dreieinhalb Stunden gefällt, versetzte dem Projekt den Todesstoß. Das Urteil erfolgte jedoch nicht einstimmig. Einige Orakel waren gegenteiliger Meinung, so als sollte salomonisch entschieden werden. Oder als sollte die Tür offen bleiben, um flexibel auf die Herausforderungen der Zukunft reagieren zu können. Die Götter, wer hätte daran gezweifelt, werfen immer noch die besten Googlys.

Mein Weg zum Kricket-Liebhaber war ein beschwerlicher. Als achtjähriger Junge in einem britischen Internat namens Kenton College wurde ich, wahrscheinlich wegen meiner schweren Nickelbrille, gleich ins Außenfeld abgeschoben, dort, wo niemals ein Ball hingelangt, zumindest hatte es nach den ersten paar Spielen den Anschein, und so versank ich in Tagträumerei, bis ich von fast hysterischen Schreien aufgerüttelt wurde. Ich stolperte in die Wachsamkeit, gerade rechtzeitig, um zu erkennen, wie die rote Kugel an mir vorbei und über die Markierung des Spielfeldes flog – sechs Punkte für die gegnerische Mannschaft. Einige Tage später gelangte ich an den Schlag. Es dauerte eine Weile, bis ich die Schienbeinpolster angezogen hatte und wie eine Ente in die Mitte des Feldes watscheln konnte. Mein bester Freund, ein Äthiopier namens Ezana Bocresian Haile, warf den ersten Ball, er sprang vor mir auf, rutschte zwischen meinem Schläger und meinem rechten Bein hindurch und krachte gegen die Hölzer. Selten hat sich Talentmangel so schnell offenbart. Nach diesen kläglichen Auftritten wurde ich künftig nur noch als zwölfter Mann eingesetzt und hatte somit jede Menge Zeit, im Schatten einer Plane meinen Gedanken nachzugehen, und wer weiß, vielleicht wäre ich nicht Schriftsteller geworden, hätte ich damals den Ball gefangen oder getroffen.

Jahrzehnte später saß ich in der Pressebox des Ferouzh-Kotla-Stadions in Delhi, inmitten der größten Experten, die der Subkontinent aufzuweisen hat, im Auftrag einer deutschen Zeitung, die indische Politik und Gesellschaft anhand des Spieles zwischen den Gastgebern und Pakistan zu erklären. Zuerst vermuteten die Sportreporter, ich sei Engländer oder Australier, bis ich eine Verständnisfrage stellte, die von so verblüffender Unschuld war, daß die versammelte Medienmannschaft für einige Momente den Atem anhielt und dem deutschen Exoten alle Aufmerksamkeit widmete. Ein Mann aus Kerala und zwei junge Bangladescher nahmen mich unter ihre Fittiche. Fünf Tage lang saß ich von früh bis spät in ihrem Unterricht und lernte die Termini technici des Spiels, lernte, was ein ›silly point‹, ein ›sticky wicket‹, ein ›maiden over‹, ein ›nightwatchman‹, ein ›yorker‹ und ein ›duck‹ ist, und immer wieder mußte ich bestätigen, was meinen neuen Gurus (siehe Kap. 3) so unfaßbar schien, daß nämlich in Deutschland Fußball populärer ist als Kricket. Vor allem aber erhielt ich einen Einblick in das schwere Leben eines Kricketreporters. Stundenlang geschieht so gut wie gar nichts, die zwei

Spieler am Schlag wehren den Ball defensiv ab, den Werfern fehlt es an Kraft, Genauigkeit und Spritzigkeit, und man beschließt, sich die Beine zu vertreten, doch kaum hat man das Stadion verlassen, hört man einen Schrei aus dreißigtausend Kehlen, eilt zurück und erfährt, daß der wichtigste pakistanische Batsman gerade ausgeschieden sei, weil der von ihm in die Tiefe des Spielfeldes geschlagene Ball von einem der indischen Spieler akrobatisch gefangen worden sei, ›a sensational catch‹. Wer die Geduld aufbringt, ein Testmatch konzentriert zu betrachten, für den ist jede Meditation des Zen-Buddhismus ein Kinderspiel.

Oft werde ich gefragt, was mich an Kricket fasziniere, wieso ich als einigermaßen vernünftiger Mensch den ganzen Tag gebannt zuschauen könne, wie sich Schatten schneller bewegen als Körper. Lange hab ich nach einer überzeugenden Antwort gesucht, bis ich sie fand, die letztendliche Begründung: Kricket ist die hohe Kunst, Tun vom Nichtstun zu unterscheiden.

9. Monsun

Monsun (vom arabischen mawsim, ›Jahreszeit‹): 1. Saisonaler Wind im Indischen Ozean. 2. Der Zeitabschnitt in Indien, der durch starke Regenfälle charakterisiert ist. 3. Der Regen, der sich dem Monsun verdankt.

Für wenige Tage im Hochsommer ist der Leiter einer Wetterwarte im südlichen Indien der wichtigste Mann des Landes. Chefredakteure, Verbandsvorsitzende und Großunternehmer rufen ihn an, der Premierminister meldet sich persönlich, um anzufragen, wie die Vorhersagen lauten. Denn sie alle fiebern der Ankunft des einen entgegen: des Monsuns. Die Gespräche im Land kennen kein anderes Thema. Und der Meteorologe, erfahren im Umgang mit hohen Erwartungen, gibt Jahr für Jahr wohldosierte Antworten: In einer Woche werde er die Südspitze Keralas erreichen, der atmosphärische Druck gebe Anlaß zu Hoffnung, ein guter Monsun kündige sich an. Die Nachricht prangt auf den Titelseiten. Das große Warten beginnt.

Eines der ersten Feste, zu denen ich in Bombay eingeladen wurde, war eine *Monsoon Welcoming Party.* Es war der 8. Juni, und der Monsun hatte Goa, fünfhundert Kilometer südlich gelegen, schon erreicht. Die Idee war einleuchtend. Ein Gast, den man von weit her willkommen heißt, wird sich beeilen. Schon im Mai hatte sich der Monsun angekündigt. Der Himmel war schwer geworden, hing tief, eine schmutzige Wattedecke, gelegentlich stürmten Winde durch die Stadt, die jedes Staubkorn erfaßten und umherwirbelten, und es fielen einige Regenschauer, flüchtig, wie zur Probe. Und wer inmitten von fünfzehn Millionen hechelnden und hustenden Menschen in der Lage war, Tiere wahrzunehmen, der konnte das Liebesgezwitscher der Vögel hören, vor allem die geradezu hysterischen Schreie des *Common Hawk Cuckoo*, für den die Ankunft des Monsuns, getreu den poetischen Visionen aus Sanskrit-Dramen, eine Zeit des Werbens und Vermählens ist. Eine verwandte Kuckucksart gilt gar als Barometer für das Nahen des Monsuns. Wird ein solcher Vogel gesichtet, kann der erste Regen höchstens noch zweiundsiebzig Stunden entfernt sein, eine Erfahrung, die schon in den alten Texten verbürgt ist.

All das erzählte mir die Gastgeberin, die ehrenamtlich in einer Naturschutzorganisation aushalf. Aber sie hatte in diesem Jahr noch keinen Vogel erblickt, die Geschäfte ihres Ehemannes liefen schlecht, und sie hatte ihre ornithologischen Interessen zurückstellen müssen. Selbst gegen Mitternacht war die Hitze mangels Brise noch bedrückend. Die Gäste versammelten sich mit einem Getränk in der Hand auf dem Dach des Wohnhauses und blickten zum Himmel. Die Stimmung war erregt, ein wenig angespannt. Da ich mir nicht vorstellen konnte, daß der erste Regen des Jahres sich klammheimlich anschleichen würde, stieg ich die Treppen hinab in die Wohnung der Gastgeber und widmete mich ein weiteres Mal dem Büffet, das kurz zuvor aufgetragen worden war. Ich beschäftigte mich mit den *gulab jamun*, milchige Bällchen in Rosensirup, als Schreie erklangen und die Gäste um mich herum ihre Teller rasch abstellten und die Treppen hinaufeilten. Als ich durch die Luke, die zum Dach führte, stieg, merkte ich, wie der Geruch sich verändert hatte, und schon spürte ich die ersten Tropfen auf meinem Haar, auf meinem Gesicht. Einige der Gäste begannen zu tanzen, und der Geschäftsmann aus Gujarat, der mir zuvor in qualvollem Detail seine Fabrik beschrieben hatte, blickte weltvergessen zum Himmel. Die Vorhut des Monsuns platzte in fetten Tropfen auf seine Brillengläser. Die Party hatte gerade eben erst richtig angefangen.

Am nächsten Tag war Bombay wie verwandelt, alle Düfte waren ausgetauscht und die Lethargie des Hitzesommers verflogen. Noch war der Regen reine Segnung. Am Ende der steilen Altamount Road badeten Kinder in ihren Unterhosen in den Sturzbächen. Sie planschten zwischen den Autos herum, als seien die

Schlaglöcher kleine Badewannen. Der Verkehr floß zäher, aber an diesem Tag schien das niemanden zu stören – das Hupen und Schreien hatte merklich nachgelassen. Die Stimmung war ausgelassen, es herrschte eine allgemeine Erleichterung.

Wissenschaftlich betrachtet ist der Monsun ein klarer Fall von produktiver Gegensätzlichkeit. Die Lufttemperatur über dem Ozean ist im Sommer erheblich tiefer als jene über dem aufgeheizten Land. Im Winter wandelt sich das Verhältnis um. Der Monsun bläst aus der Kälte in die Wärme hinein, verhält sich also wie ein Pauschalurlauber.

Bombay, Goa, Mangalore, Baroda, Ahmedabad, Cochin und Trivandrum liegen am Indischen Ozean und sind daher die Empfänger des südwestlichen Monsuns. Doch hinter einem schmalen Küstenstreifen erheben sich die Western Ghats, eine Bergkette von durchschnittlich tausend bis zweitausend Metern Höhe, und wenn der Monsun diese Erhebung überquert, verkühlt er sich und regnet ab. Das Dekkan im Regenschatten der Berge, jenes weitreichende Plateau im Inneren des Landes, erhält daher viel weniger Niederschlag. Während in Mahabaleshwar, einem Kurort in den Ghats, sechstausendfünfhundert Millimeter niedergehen, erhalten die semiariden Landschaften auf der anderen Seite gerade einmal fünfundsechzig Millimeter Regen im Jahr.

So waten Städter am Meer durch knöcheltiefes Wasser, den Kopf geschützt von einer Zeitung, die zur

Titelgeschichte Bauern auf ausgetrockneter Erde zeigt, ihre Arme zum Gebet erhoben. Irgendwann irgendwo in Indien wird jährlich das gefürchtete Wort Dürre zum erstenmal ausgesprochen, und wenn sich die Sorge zur Kunde verdichtet, reagieren sogar die Aktienmärkte alarmiert und flauen ab. Alljährlich rettet der Monsun Indien, alljährlich ziert er sich wie ein übelgelaunter Gott.

Der Monsun hat sich im Laufe der letzten Jahrhunderte verstärkt. Da sich laut Meteorologen diese Entwicklung fortsetzen dürfte, wird ein Großteil Indiens zunehmend unter Überflutungen und Erosionen zu leiden haben. Aufgrund von Untersuchungen von Fossilien wird ein enger Zusammenhang der Temperaturen auf der Nordhalbkugel mit der Intensität des Monsuns in Südwestasien vermutet. Vor vier Jahrhunderten, als die Kleine Eiszeit herrschte, fielen die Niederschläge ungewöhnlich niedrig aus. Je mehr die Temperaturen in der Folgezeit zunahmen, desto heftiger wurden die Regenfälle, insbesondere im letzten Jahrhundert. Sollten die Temperaturen, wie von den meisten Klimamodellen vorhergesagt, weiterhin ansteigen, wäre mit noch stärkeren Niederschlägen zu rechnen. Und das Flutenbild wird sich Jahr für Jahr wiederholen: Die Flüsse schwellen innerhalb von Stunden an und reißen die unbefestigten Ufer wie schutzlose Opfer. Sie zerstören Tempel und Moscheen, Grundschulen und Wohnhäuser, sie zerren Kühe und Hunde mit sich, sie entwurzeln Bäume und verschonen nicht einmal die Pilger, die sich zu nahe an das heilige Wasser getraut haben.

Während manche Landesteile, etwa der Norden Bihars mit seinen großen, vom Himalaja hinabströmenden Flüssen Kosi, Bagmati, Gandak, Burhi Gandak und Adhwara, alljährlich überschwemmt werden, müssen die Menschen anderswo, so im Punjab oder in Rajasthan, uralte Rituale wiederbeleben, um ihrer Verzweiflung Herr zu werden. Wenn sich die Dürre festgesetzt hat, werden vedische Zeremonien begangen, wie etwa die *Yagna*, einst ein Opferfest, bei dem Reichtum zelebriert wurde, indem er zerstört wurde. Eigentum wurde in göttliches Prestige umgesetzt. Das Yagna-Ritual hat etwas Gigantomanisches an sich, das kaum zu dem Leid in Dürrezeiten paßt. Über vielen Feuern kreisen stundenlang die Mantras (siehe Kap. 1), ein Gemisch aus Holz, Sesam und Ghee wird in die Flammen geworfen. Fast könnte man meinen, dieser rituelle Weg dauere so lang, weil die Tradition, an die angeknüpft wird, so weit in die Vergangenheit zurückreicht, für die Gläubigen bis in Urzeit zurück.

Wer sich über die Anrufung der Götter lustig macht, sollte bedenken, wie wissenschaftlich ungewiß es ist, den Monsun vorherzusagen – trotz fünftausend meteorologischer Warten im ganzen Land. Immerhin wissen wir, wovon der Monsun abhängt: von den Windbewegungen in der nördlichen Hemisphäre, von der Schneedecke in Eurasien im Dezember, von den Temperaturen in Zentralindien im Mai, von dem Schneefall im Himalaja zwischen Januar und März, vom Luftdruck in der nördlichen Hemisphäre zwischen Januar und April, vom Luftdruck in Argentinien im April, vom Meeresspiegel bei Tahiti und von El Niño des jeweiligen sowie des vorhergegangenen Jahres, von den Tiefsttemperaturen in Nordindien im März, von dem Luftdruck über dem Indischen Ozean am Äquator, von den Windverhältnissen in Bilbao im Januar. Umstritten ist hingegen, welche Bedeutung die globale Erwärmung für die Monsunzyklen hat.

Das Ausbleiben des Monsuns verändert alles: Die Frauen müssen ihr eigenes Vermögen, ihren seit der Hochzeit gehüteten Schmuck verkaufen, und ihre Männer sind gezwungen, halsabschneiderische Kredite aufzunehmen. Sie schreiben Petitionen an Gott, sitzen in ihren leeren Häusern und starren auf die Wände. Wenn das Bundesland, in dem sie überleben, den Notstand erklärt, wird eine staatliche Maschinerie in Gang gesetzt. Nothilfegelder werden bei der Zentralregierung beantragt, Zinszahlungen gestundet, Kreditrückzahlungen ausgesetzt, Bargeld an Bauern ausgezahlt und konkrete Hilfen für die Schäden versprochen und gelegentlich auch gewährt. Doch auch die Städte sind betroffen, denn die Wasserversorgung versiegt. In den Millionenstädten wird Wasser rationiert, nur jene Reichen, die sich über eigene Tanks auf dem Dach versorgen, können teures Wasser erwerben, das von Lastwagen angekarrt wird. In Bhopal trocknet der Upper Lake, aus dem die Stadt fast ihr gesamtes Wasser schöpft, in Dürrejahren völlig aus. Und in Bombay beschäftigen sich die Zeitungen ebenso genau mit den bedrohlich sinkenden Pegelständen der kleinen Seen im Norden der Stadt wie mit Aktienkursen und Kricketergebnissen.

Eine überschwemmte Stadt ist ein unvergeßlicher Anblick. Die oberen Stockwerke der Gebäude ragen in die Kurzsichtigkeit des dichten Regens hinein wie graugewordene Nachtwächter, die sich mit letzter Kraft auf den Beinen halten. Die Straßen verwandeln sich in Kanäle (und gelegentlich in Wildwasserbäche), in denen die Menschen durch trübes, knietiefes Wasser waten müssen und Fahrradhäuser und Rikschas umgerissen werden. Tempel schließen ihre Türen, um der gurgelnden Hochachtung zu entgehen. Erdrutsche begraben die Hütten, die dort stehen, wo kein richtiges Gebäude errichtet werden kann. Die Behörden zucken mit den Schultern und verweisen auf ihre Warnungen an die Slumbewohner, nicht an solchen Stellen zu bauen, was so sinnvoll ist wie eine Empfehlung, sie mögen in ein Hotel ziehen.

Bei der letzten großen Überschwemmung in Bombay rief ich einen Freund an. Erstaunlicherweise funktionierte die Telefonverbindung, obwohl mein Freund gerade durch sein Wohnzimmer watete und die Bücher aus den unteren Regalen zu retten versuchte, indem er sie auf den einzigen Tisch stapelte, voller Sorge, der Tisch könnte unter dem Gewicht zusammenbrechen und die teilweise unschätzbar wertvollen alten Bände dem nassen Verderben übergeben. Irgendwo unter seinen Füßen war der Teppich. Dabei lebte er nicht in einem jener Stadtteile, die so niedrig liegen, daß sie regelmäßig überflutet werden, vor allem dann, wenn Meereshochwasser mit starken Niederschlägen zusammenfällt und der Regen nicht abfließen kann, weil das salzige Wasser durch die Kanalisation zur Erdoberfläche hinaufdrückt. Während mir mein Freund mit bewundernswertem Stoizismus versicherte, daß alles in Ordnung sei, hörte ich das Plätschern seiner Schritte. Es sollte drei Tage dauern, bis das Wasser abfloß und die Familie sich wieder traute, einige elektrische Geräte anzuschließen. Noch Monate später roch die Wohnung nach dem muffelnden Vermächtnis des letzten Monsuns.

Bereits erschienen:

Gebrauchsanweisung für...

Amerika
von Paul Watzlawick

Amsterdam
von Siggi Weidemann

Barcelona
von Merten Worthmann

Bayern
von Bruno Jonas

Berlin
von Jakob Hein

die Bretagne
von Jochen Schmidt

Brüssel und Flandern
von Siggi Weidemann

Budapest und Ungarn
von Viktor Iro

China
von Kai Strittmatter

Deutschland
von Wolfgang Koydl

Dresden
von Christine von Brühl

Düsseldorf
von Harald Hordych

die Eifel
von Jacques Berndorf

das Elsaß
von Rainer Stephan

England
von Heinz Ohff

Finnland
von Roman Schatz

Frankfurt am Main
von Constanze Kleis

Frankreich
von Johannes Willms

Freiburg und den Schwarzwald
von Jens Schäfer

den Gardasee
von Rainer Stephan

Genua und die Italienische Riviera
von Dorette Deutsch

Griechenland
von Martin Pristl

Hamburg
von Stefan Beuse

01/0004/03/L

Indien
von Ilija Trojanow

Irland
von Ralf Sotscheck

Istanbul
von Kai Strittmatter

Italien
von Henning Klüver

Japan
von Andreas Neuenkirchen

Kalifornien
von Heinrich Wefing

Katalonien
von Michael Ebmeyer

Kathmandu und Nepal
von Christian Kracht und Eckhart Nickel

Köln
von Reinhold Neven Du Mont

Leipzig
von Bernd-Lutz Lange

London
von Ronald Reng

Mallorca
von Wolfram Bickerich

Mecklenburg-Vorpommern und die Ostseebäder
von Ariane Grundies

Moskau
von Matthias Schepp

München
von Thomas Grasberger

Neapel und die Amalfi-Küste
von Maria Carmen Morese

New York
von Verena Lueken

Niederbayern
von Teja Fiedler

Nizza und die Côte d'Azur
von Jens Rosteck

Norwegen
von Ebba D. Drolshagen

Österreich
von Heinrich Steinfest

Paris
von Edmund White

01/0005/03/R

Peking und Shanghai
von Adrian Geiges

Polen
von Radek Knapp

Portugal
von Eckhart Nickel

Rom
von Birgit Schönau

das Ruhrgebiet
von Peter Erik Hillenbach

Salzburg und
das Salzburger Land
von Adrian Seidelbast

Schottland
von Heinz Ohff

Schwaben
von Anton Hunger

Schweden
von Antje Rávic Strubel

die Schweiz
von Thomas Küng

Sizilien
von Constanze Neumann

Spanien
von Paul Ingendaay

Südafrika
von Elke Naters und Sven Lager

Südfrankreich
von Birgit Vanderbeke

Südtirol
von Reinhold Messner

Tibet
von Uli Franz

die Toskana
von Barbara Bronnen

Tschechien und Prag
von Jiří Gruša

die Türkei
von Iris Alanyali

Umbrien
von Patricia Clough

die USA
von Adriano Sack

den Vatikan
von Rainer Stephan

Venedig mit Palladio und
den Brenta-Villen
von Dorette Deutsch

Wien
von Monika Czernin

01/0006/03/L

PIPER

Ilija Trojanow

An den inneren Ufern Indiens

Eine Reise entlang des Ganges. 208 Seiten. Piper Taschenbuch

Der Ganges ist die Lebensader Indiens. Ilija Trojanow hat den großen Fluß vom Himalaya, wo er aus dem ewigen Eis bricht, bis in die großen Städte bereist, mit dem Boot, dem Bus, in überfüllten Bahnen. Sein farbiger Bericht ist eine literarische Reportage über ein Land zwischen uralten Traditionen und einer höchst ungewissen Moderne und über den heiligen Fluß, der es über Hunderte von Kilometern durchzieht.

»Diese Reise hätte man auch gerne unternommen, am liebsten mit dem Autor selbst, denn so interessant Indien allein schon sein kann – um wieviel informativer, lustiger und aufregender ist es mit jemandem, der schon so viel von der Welt gesehen und sowohl mit dem Herzen wie mit dem Verstand so viel von ihr begriffen hat, ohne dabei das Staunen verlernt zu haben.«
René Zucker in der taz

01/1591/02/R

MALIK

Ilija Trojanow

Zu den heiligen Quellen des Islam

Als Pilger nach Mekka und Medina. 176 Seiten. Gebunden

»Von Kindesbeinen an, wenn er zum ersten Mal vernimmt, daß die Hadsch – die Pilgerfahrt nach Mekka – zu den Pflichten eines jeden Moslems gehört, sehnt sich der Gläubige danach.« Unter Hunderttausenden moslemischer Pilger nahm der Schriftsteller Ilija Trojanow 2003 an der Hadsch teil, der größten Glaubensbezeugung des Islam. An einem Morgen im Januar legt er in Bombay unter Anleitung seiner Freunde den Ihram, das traditionelle Pilgergewand, an und steigt in die Maschine nach Dschidda. Wenige Stunden später ist er in Mekka, nach drei Wochen zurück in Indien. Dazwischen liegen eine unendliche Fülle von Eindrücken und das allmähliche Begreifen des Wesens einer Religion zwischen Verheißung und Realität. Dazwischen liegt das Erleben einer über tausend Jahre alten Tradition und einer persönlichen Pilgerschaft als Kulmination aller Sehnsüchte, als einzigartige Auszeit, so reich an Mühsal und Zermürbung wie an Belohnung und Beglückung.

02/1056/01/L

MALIK

Peter Pannke

Sänger müssen zweimal sterben

Eine Reise ins unerhörte Indien. 320 Seiten mit 22 Fotos, 6 Illustrationen von Andreas Wald und einer Karte. Gebunden

Die Fahrradklingeln der Rikschas, das Zetern der Affen, die Schläge der Tablameister und die Rufe der Totenprozessionen – ganz Indien ist Musik. Im Juli 2002 machte Peter Pannke sich auf den Weg, um an den letzten Riten für den verstorbenen Sänger Vidur Mallik teilzunehmen. Seit seinen ersten Indienaufenthalten als Student ist Pannke der Familie Mallik eng verbunden, die über 200 Jahre dem Maharadscha von Darbhanga als Hofmusiker gedient hat. Die Zugfahrt in den abgelegenen Norden des Bundesstaats Bihar wird für Pannke zum Ausgangspunkt einer langen, intensiven Reise in die Erinnerung: an sein Leben auf der Wanderschaft, an seine Freundschaft mit Guruji, der ihn in die Feinheiten des Hindi und den richtigen Umgang mit den Göttern eingeführt hatte, an die blinden Delphine im Ganges, an Sänger und Trommelbauer, an dreißig Jahre Indien, das Land des Dhrupad und der Wasserbüffel.

02/1068/01/R